Die
Staatskonkurs-Aufgaben
im Jahre
1910.

Inhalt.

Erste Abteilung der schriftlichen Prüfung.

1. Aufgabe.

(Aufgabe mit vierstündiger Arbeitsfrist.)

Dem Kaufmanne Georg Meier wurde am 1. Februar 1909 die Genehmigung zur Errichtung einer chemischen Fabrik in Aberg erteilt. Er errichtete die Fabrik auf einer Anhöhe.

Auf der Ostseite der Anhöhe liegt unterhalb der Fabrik ein Weiher. Er ist Eigentum des Bauers Hans Schmitt und am 1. Januar 1908 von der offenen Handelsgesellschaft Hepp & Comp. in München zum Betrieb ihrer an dem Weiher gelegenen Wäscherei auf zehn Jahre gepachtet worden. An der Südseite der Anhöhe liegt eine dem Georg Meier gehörende Sandgrube, die im Kataster der Steuergemeinde Aberg als Plan-Nr. 64 eingetragen ist. Georg Meier hat dieses Grundstück erworben, weil es ihm zur Aufnahme der Fabrikabfälle geeignet schien. Unterhalb der Sandgrube liegt am Fuße der Anhöhe das Grundstück Plan-Nr. 120 der Steuergemeinde Rottach. Es ist Eigentum der offenen Handelsgesellschaft Hepp & Comp. Auf dem Grundstücke stehen von einem Garten umgeben ein Wohnhaus und ein Stallgebäude. Das Wohnhaus wird von Franz Fuchs, dem geschäftsführenden Gesellschafter der Gesellschaft Hepp & Comp., bewohnt.

Die chemische Fabrik und die Sandgrube liegen im Bezirke des Landgerichts Augsburg. Der Weiher, das Grundstück Plan-Nr. 120, die Wäscherei und die Geschäftsräume der Gesellschaft Hepp & Comp. liegen im Bezirke des Landgerichts München II.

Am 1. November 1909 wurde die chemische Fabrik in Betrieb genommen. Die Abfälle wurden in die Sandgrube geworfen. Dieses Verfahren erwies sich als gefährlich. Bei Tau- und Regenwetter brachen nämlich von den Rändern der

Sandgrube häufig Schotterbrocken ab. Sie rollten zum Teile bis an den Garten des Grundstücks Plan=Nr. 120. Georg Meier zog einen Sachverständigen zu Rate. Dieser erklärte, daß die Sandgrube ungeschickt abgebaut worden sei und mit Sicherheit zu erwarten stehe, daß noch größere Massen losbrechen und die Gebäude auf Plan=Nr. 120 gefährden würden. Er riet dem Georg Meier, den Wänden der Sandgrube ihre Steilheit durch Abgrabungen zu nehmen und so die Gefahr zu beseitigen. Zugleich machte er ihn darauf aufmerksam, daß auch die Ansammlung der Abfälle in der Sandgrube eine Gefahr bedeute, weil die Abfälle bei Niederschlägen ausgelaugt würden und die Lauge, die durch den kiesigen Untergrund leicht hindurchdringen könne, das Wasser des zum Wohnhause des Fuchs gehörenden Brunnens verunreinigen werde. Georg Meier ließ zwar vom 15. Januar 1910 an die Abfälle nicht mehr in die Sandgrube werfen, beseitigte aber die bereits in der Grube befindlichen Abfälle nicht und befolgte auch den Rat des Sachverständigen nicht, sondern gab Besitz und Eigentum an dem Grundstücke Plan=Nr. 64 mit einer am 25. Januar 1910 notariell beurkundeten Erklärung auf. Seine Eintragung als Eigentümer des Grundstücks wurde am 1. Februar 1910 im Grundbuche gelöscht. Das Grundstück blieb fortan herrenlos.

Ende Februar 1910 erkrankte Franz Fuchs. Die Untersuchung ergab, daß die Krankheit auf den Genuß von Trinkwasser aus dem zum Wohnhause des Fuchs gehörenden Brunnen zurückzuführen war. Das Wasser war dadurch verdorben worden, daß Schmelzwasser die Abfälle in der Sandgrube ausgelaugt hatte und in die den Brunnen speisende Quelle eingedrungen war. Fuchs mußte sich einer dreimonatigen Badekur unterziehen. Die Gesellschaft Hepp & Comp. war genötigt, vom 1. April 1910 an einen anderen Geschäftsleiter in ihre Dienste zu nehmen. Sie konnte einen solchen nur gegen Zahlung von monatlich 400 Mk. gewinnen. Am 1. Juli 1910 übernahm Franz Fuchs wieder die Geschäftsführung.

Am 1. März 1910 starb Georg Meier. Er wurde von seinen Söhnen, dem Chemiker Dr. Fritz Meier in Aberg und dem Majore Max Meier in Augsburg als alleinigen gesetzlichen Erben beerbt. Beide erklärten am 10. März 1910 vor dem

Nachlaßgerichte die Annahme der Erbschaft. Da sie beabsichtigten, die Fabrik zu verkaufen, erfolgte zunächst eine Auseinandersetzung nicht. Dr. Fritz Meier betrieb im Einverständnisse mit seinem Bruder die Fabrik einstweilen weiter. Max Meier war durch seinen Beruf gehindert, sich um den Betrieb der Fabrik irgendwie zu kümmern.

Am 3. März 1910 löste sich von den Wänden der Sandgrube eine große Geröllmasse ab. Sie ruschte bis auf das Grundstück Plan=Nr. 120 und zerstörte das Stallgebäude, das mit einem Kostenaufwande von 2000 Mk. erbaut worden war.

Am 15. Februar 1910 war dem Georg Maier die Genehmigung zur Anlage eines Klärbeckens zum Zwecke der Aufnahme von Abwässern aus der Fabrik unter der Bedingung erteilt worden, daß es gehörig abzudichten und die Abwässer in dem Klärbecken zu läutern und dann in den Fluß Rott, der durch Aberg fließt, zu leiten seien. Dr. Fritz Meier ließ nach dem Tode seines Vaters das Klärbecken herstellen. Es wurde jedoch nicht gehörig abgedichtet. Die Abwässer drangen in den tiefer gelegenen Weiher und machten dessen Wasser zur weiteren Benützung im Wäschereibetrieb unverwendbar. Von dieser Tatsache setzte Franz Fuchs den Dr. Fritz Meier am 25. März 1910 in Kenntnis. Da Dr. Fritz Meier das Klärbecken nicht undurchdringlich abdichten ließ, hätte der Betrieb der Wäscherei am 1. April 1910 eingestellt werden müssen, wenn es der Gesellschaft Hepp & Comp. nicht gelungen wäre, von Hans Schmitt, der auch Eigentümer des Leinbaches, eines Seitenbaches der Rottach, ist, die Erlaubnis zu erlangen, aus dem Bache Wasser in die Bassins der Waschanstalt zu leiten und zum Wäschereibetriebe zu verwenden. Schmitt erteilte aber die Erlaubnis nur gegen eine monatliche Enschädigung von 100 Mk. Mit dem Wasser aus dem Leinbache konnte der Wäschereibetrieb nur zur Hälfte aufrecht erhalten werden.

Da dem wiederholten Verlangen, das Klärbecken abzudichten und die durch die ungenügende Abdichtung des Klärbeckens, durch die Zerstörung des Stallgebäudes und durch die Erkrankung des Fuchs entstandenen Schäden zu ersetzen, nicht entsprochen wurde, erhob die Gesellschaft Hepp & Comp. unter ihrer Firma gegen Dr. Fritz und Max Meier Klage

zum Landgericht Augsburg mit dem Antrage, die Beklagten gesamtverbindlich für schuldig zu erkennen:

I. die fernere Zuleitung von Fabrikabwässern in den Weiher zu unterlassen und die zur Verhinderung des Eindringens der Abwässer in den Weiher erforderlichen Einrichtungen herzustellen.

II. an die Klägerin

a) 9000 Mk. als Ersatz für entgangenen Geschäftsgewinn,

b) 600 Mk. als Ersatz der an Hans Schmitt für Überlassung des Wassers aus dem Leinbache bereits gezahlten Entschädigung,

c) 2000 Mk. als Ersatz für das zerstörte Stallgebäude,

d) 1200 Mk. als Ersatz der auf die Stellvertretung für Franz Fuchs entstandenen Auslagen und

e) 1100 Mk. als Ersatz der auf die Wiederherstellung der Gesundheit des Franz Fuchs entstandenen Arzt- und Kurkosten nebst 4 % Zinsen vom Tage der Klagezustellung an zu zahlen,

III. die Kosten des Rechtsstreits zu tragen.

Die Klage war unter Darstellung des obigen Sachverhalts begründet, wie folgt: Das Eindringen der Abwässer in den Weiher sei eine nach § 906 BGB. nicht zu duldende, jedenfalls durch § 903 BGB. untersagte „Einwirkung". Sie erstrecke sich auf das von der Klägerin gepachtete Weihergrundstück und auf das der Klägerin gehörende Wäschereigrundstück, dessen Benützung dadurch unmöglich geworden sei. Der Klägerin stehe als Eigentümerin und als Pächterin das Recht des § 1004 BGB. zu. Als Pächterin genieße Klägerin überdies Besitzschutz nach den §§ 858—862 BGB. Infolge ungenügender Abdichtung des Klärbeckens sei der Klägerin ein Schaden von 9000 Mk. entstanden, weil sie in den Monaten April mit September 1910 den Betrieb der Wäscherei auf die Hälfte vermindern mußte und ihr Geschäftsgewinn bei vollem Betriebe stets 3000 Mk. monatlich betragen habe. Die Klägerin sei an ihrem Vermögen, sohin an ihrem Eigentume geschädigt. Es sei auch in ihr Recht, ein Gewerbe auszuüben, also in die Freiheit der Klägerin eingegriffen. Ihr

Recht auf ungehinderte Ausübung ihres Gewerbes und die ihr als Pächterin des Weihers zustehenden Rechte seien verletzt. Die Beklagten seien als Eigentümer der Fabrik gemäß § 823 Abs. 1 BGB. zum Ersatze des schuldhafterweise verursachten Schadens verpflichtet. Das Verschulden bestehe in der mangelhaften Abdichtung des Klärbeckens trotz Voraussehbarkeit der eingetretenen Folge und in der Unterlassung der gehörigen Abdichtung des Klärbeckens trotz Kenntnis der Folgen. In gleicher Weise werde der Anspruch auf Ersatz der 600 Mk., welche die Klägerin an Hans Schmitt für die Benützung des Wassers aus dem Leinbache während der Monate April mit September zahlen mußte, begründet. Das Verschulden an der Zerstörung des Stallgebäudes treffe den Georg Meier. Seine nach § 823 Absatz 1, aber auch nach §§ 907, 908 BGB. begründete Schadensersatzpflicht sei auf seine Erben übergegangen. Durch die Ablagerung der Abfälle in der Sandgrube habe Georg Meier verschuldet, daß das Wasser des Brunnens gesundheitsschädlich und Fuchs krank geworden sei. Da die Klägerin infolgedessen genötigt gewesen sei, einen Vertreter einzustellen, habe Georg Meier nicht nur die Gesundheit des Fuchs, sondern auch das Vermögen der Klägerin fahrlässig geschädigt. Die nach §§ 823 Abs. 1, 907, 908 BGB. begründete Schadensersatzpflicht des Georg Meier treffe nunmehr seine Erben. Auf ärztliche Behandlung und Gebrauch der Badekur seien dem Fuchs 1100 Mk. Kosten entstanden. Diese habe ihm Klägerin am 1. August 1909 ersetzt. Klägerin habe davon dem Dr. Fritz Meier am gleichen Tage Kenntnis gegeben. Die Beklagten seien sohin der Klägerin zum Ersatze der 1100 Mk. auch deshalb verpflichtet, weil Klägerin für die Beklagten, wenn auch ohne Auftrag, so doch ein Geschäft besorgt habe, zu dem die Beklagten verpflichtet gewesen seien. Übrigens habe Fuchs den Vertreter der Klägerin selbst beauftragt, den Betrag von 1100 Mk. für die Klägerin im Klagewege beizutreiben.

Die Klageschrift wurde den Beklagten am 7. Oktober 1910 zugestellt. Dr. Fritz Meier hatte am 1. Oktober seinen Wohnsitz nach München verlegt, die Zustellung der Klage an ihn erfolgte in Aberg, als er sich dort vorübergehend aufhielt.

In dem Verhandlungstermine vom 10. November 1910 stellte der Prozeßbevollmächtigte der Klägerin Antrag im Sinne der Klageschrift.

Der Prozeßbevollmächtigte der Beklagten beantragte Abweisung der Klage. Er führte aus:

1. Der Klageanspruch I sei bei dem unzuständigen Gerichte geltend gemacht, weil der Weiher und das Wäschereigrundstück im Bezirke des Landgerichts München II gelegen seien.

2. Auch der Klageanspruch II sei in der Richtung gegen Dr. Fritz Meier bei dem unzuständigen Gerichte geltend gemacht. Dr. Fritz Meier habe zur Zeit der Klageerhebung seinen allgemeinen Gerichtsstand in München gehabt. Ein besonderer Gerichtsstand komme nicht in Frage. Der Gerichtsstand des § 21 ZPO. sei nicht gegeben, weil es sich um keine Klage handle, die auf den Geschäftsbetrieb der Niederlassung Bezug habe. Die §§ 27, 28 ZPO. seien nicht anwendbar, weil auch, insoweit die Beklagten als Erben in Anspruch genommen werden, keine Nachlaßverbindlichkeit vorliege. Der § 32 ZPO. scheide aus, weil die von der Klägerin behaupteten unerlaubten Eingriffe nicht im Bezirke des Landgerichts Augsburg begangen seien.

3. Die Klage sei aus folgenden sachlichen Gründen abzuweisen: Das Eindringen der Fabrikabwässer in den Weiher stelle keine Einwirkung von Grundstück zu Grundstück im Sinne der §§ 903, 906 BGB. dar. Der Rechtsbehelf des § 1004 BGB. sei dem Pächter versagt. Eine Besitzstörung könne in dem Eindringen der Fabrikabwässer nicht erblickt werden. Das Vermögen als solches genieße den Schutz des § 823 Abs. 1 BGB. nicht. Das Recht auf freien Gewerbebetrieb sei kein „sonstiges Recht“ im Sinne des 823 Abs. 1 BGB. Die Befugnisse des Pächters seien rein obligatorischer Natur. Gegen Eingriffe in obligatorische Rechte schütze § 823 Abs. 1 BGB. nicht. Für die aus der Durchlässigkeit des Klärbeckens entstandenen Schäden könne jedenfalls Max Meier nicht verantwortlich gemacht werden, weil er sich an dem Fabrikbetriebe gar nicht beteiligt, die Herstellung des Klärbeckens nicht gewollt und nicht einmal gewußt habe, daß das Klärbecken hergestellt wurde. Die Klageansprüche II c, d und e seien

schon deshalb unbegründet, weil Georg Meier Besitz und Eigentum an dem Grundstücke Plan-Nr. 64 aufgegeben gehabt habe, bevor das Stallgebäude zerstört worden und Fuchs erkrankt sei. Da der in der Zerstörung des Stallgebäudes bestehende Schaden erst nach dem Tode des Georg Meier eingetreten sei, könne von einer Haftung der Beklagten als Erben keine Rede sein. Die Beklagten für den Schaden höchstpersönlich haftbar zu machen, gehe nicht an, weil sie gar keine Zeit gehabt hätten, die Gefahr seines Eintritts zu beseitigen. Zur Geltendmachung des Klageanspruchs II e sei Klägerin nicht befugt. Wenn eine Haftung für die Erkrankung des Fuchs überhaupt bestehe, stehe nur dem Fuchs ein Anspruch zu. Eine Übertragung des Anspruchs auf die Klägerin könne in dem von Fuchs dem Vertreter der Klägerin gegebenen Auftrage, für die Klägerin den Betrag von 1100 Mk. einzuklagen, nicht gefunden werden. Überdies bestehe eine Verpflichtung der Beklagten zur Leistung an die Klägerin jedenfalls insolange nicht, als die Klägerin den Beklagten nicht eine von Fuchs über die Abtretung ausgestellte Urkunde ausgehändigt habe. Von einer Anwendbarkeit der Bestimmungen über die Geschäftsführung ohne Auftrag könne keine Rede sein. Die Höhe der eingeklagten Beträge werde nicht bestritten.

Der Prozeßbevollmächtigte der Klägerin entgegnete, die Klägerin habe sich, um ganz sicher zu gehen, vor Zustellung der Klage von dem Eigentümer des Weihers dessen sämtliche gegen die Beklagten aus §§ 1004, 903, 906 BGB. begründeten Rechte mit notarieller Urkunde vom 30. September 1910 abtreten lassen. Er legte die Urkunde vor und führte weiter aus: Zur Verfolgung des im Klageantrag II e geltend gemachten Anspruchs sei Klägerin auch aus dem Grunde berechtigt, weil Franz Fuchs Gesellschafter der offenen Handelsgesellschaft Hepp & Comp. sei und Träger aller Rechte und Pflichten einer offenen Handelsgesellschaft nicht diese als solche, sondern die Gesellschafter in ihrer Zusammenfassung seien. Die Klageansprüche II c, d und e würden überdies auf § 836 BGB. gestützt.

Der Prozeßbevollmächtigte der Beklagten erwiderte: Die behauptete Abtretung vom 30. September 1910 bestreite er

nicht. Sie sei aber wirkungslos. Darin, daß die Klageanträge II c, d und e nunmehr auf § 836 BGB. gestützt werden, liege eine Klageänderung, der er sich widersetze. Die Bezugnahme auf § 836 BGB. sei überdies verfehlt, weil auf dem Grundstücke Plan-Nr. 64 sich weder ein Gebäude, noch ein sonstiges Werk befinde. Auf alle Fälle beantrage er, den Beklagten, soweit sie als Erben des Georg Meier etwa verurteilt werden sollten, die Beschränkung ihrer Haftung im Urteile vorzubehalten.

Die Vertreter der Streitsteile beantragten sodann übereinstimmend die Vertagung der Sache, um einen Vergleich anzubahnen.

Die Verhandlung wurde auf 30. November 1910 vertagt.

In diesem Termin übergab der Prozeßbevollmächtigte der Klägerin eine schriftliche Erklärung des Franz Fuchs vom 29. November 1910 des Inhalts, daß er seine Ansprüche gegen die Beklagten an die Klägerin abtrete, weil diese Firma ihm seinen Aufwand von 1100 Mk. gedeckt habe. Der Prozeßbevollmächtigte des Klageteils erklärte weiter: Die offene Handelsgesellschaft Hepp & Comp. habe sich laut Notariatsurkunde vom 25. November 1910 in eine Gesellschaft mit beschränkter Haftung umgewandelt. Die neue, aus fünf Personen, darunter den Inhabern der vormaligen offenen Handelsgesellschaft Hepp & Comp. bestehende Gesellschaft habe die Aktiva und Passiva der aufgelösten Gesellschaft übernommen. Franz Fuchs sei auch Geschäftsführer der neuen Gesellschaft, die die Firma Hepp & Comp., Gesellschaft mit beschränkter Haftung, führe. Hans Schmitt habe den Eintritt der neuen Gesellschaft in den Pachtvertrag genehmigt.

Der Prozeßbevollmächtigte der Beklagten entgegnete: daß Franz Fuchs seine vermeintlichen Ansprüche gegen die Beklagten am 30. November 1910 nunmehr abgetreten habe, werde nicht bestritten. Da aber die Abtretung erst nach Zustellung der Klage erfolgt sei, so sei Klageteil nicht berechtigt, mit gegenwärtiger Klage die übertragenen Ansprüche zu verfolgen. Soweit dies dennoch versucht werde, widersetze er sich einer Klageänderung. Er beantrage nunmehr, die Klage auch

wegen Wegfalls der Aktivlegitimation des Klageteils, an dessen Stelle ein neues Rechtssubjekt getreten sei, abzuweisen.

Im übrigen wiederholten die Parteivertreter ihre früheren Anträge und Ausführungen. Der Vertreter des Klageteils beantragte nunmehr, die Beklagten zur Erfüllung der Klageansprüche gegenüber der neuen Gesellschaft mit beschränkter Haftung zu verurteilen und übergab eine von dieser ihm ausgestellte Prozeßvollmacht.

Die Vertreter der Streitsteile erklärten noch, daß die im Laufe der Verhandlungen aufgestellten tatsächlichen Behauptungen nicht bestritten würden.

Wie ist zu entscheiden?

Die Entscheidung ist unter Würdigung aller von den Parteien geltend gemachten Gesichtspunkte und unter Anführung der gesetzlichen Vorschriften kurz zu begründen. Auf den Kostenpunkt ist keine Rücksicht zu nehmen.

---

2. Aufgabe.

(Aufgabe mit vierstündiger Arbeitsfrist)

Der Metzgermeister Max Braun in München war mit der dreißig Jahre alten Bäckerstochter Maria Horn in München verlobt. Die Hochzeit sollte am 1. August 1908 stattfinden. In Erwartung der Ehe hatte die Braut Hauseinrichtungsgegenstände um 8000 Mk. gekauft. Am 1. Juli 1908 unternahmen die Brautleute mit dem Einspännerfuhrwerke des Bräutigams eine Spazierfahrt nach Starnberg. Braun lenkte das Fuhrwerk. Den Wagen zog eines der beiden Pferde des Braun.

Braun hatte sich den Wagen und ein Pferd im Jahre 1906 für seine Geschäftsfahrten gekauft. Nach seiner Verlobung hatte er sich auf den Wunsch seiner Braut ein zweites Pferd angeschafft; seitdem verwendete er beide Tiere sowohl im Geschäftsbetrieb als auch zu Vergnügungsfahrten.

In der Nähe von Starnberg scheute das Pferd ohne ersichtlichen Grund und ging durch. Der Wagen fiel um und ein Wagenrad quetschte der Maria Horn den linken Fuß. Da Braun sich mehr um sein Pferd als um seine Braut kümmerte, überhäufte ihn diese mit Vorwürfen. Braun wies diese barsch zurück. Es kam zu einer heftigen Auseinandersetzung. In deren Verlauf erklärte Braun der Horn, daß es ihm gar nicht einfalle, sie zu heiraten, sie solle sich einen anderen zum Manne suchen. Einige Zeit später verkaufte Maria Horn die Hauseinrichtungsgegenstände um 6000 Mk. an eine Freundin, die sich zu verheiraten beabsichtigte. Seit dem Unfalle vom 1. Juli 1908 hatte Maria Horn an einer eiterigen Entzündung des linken Fußknöchelgelenkes zu leiden. Sie mußte sich einer Operation unterziehen und stand bis Mitte September 1908 in ärztlicher Behandlung. Ihre Krankheit war nach dem ärztlichen Gutachten auf die Verletzung bei dem Unfalle zurückzuführen.

Maria Horn erhob durch Rechtsanwalt Schneid gegen Max Braun Klage zum Landgerichte mit dem Antrage, den Beklagten

1. zum Ersatze der Hälfte des Schadens, den sie durch den infolge der Auflösung des Verlöbnisses veranlaßten Verkauf der Hauseinrichtungsgegenstände erlitten hatte, sohin zur Zahlung von 1000 Mk. und

2. zur Zahlung von 800 Mk. Schmerzensgeld und zum Ersatze von 400 Mk. Kosten für ärztliche Behandlung zu verurteilen. Der zweite Teil der Klage war damit begründet, daß der Beklagte als Tierhalter hafte. Die Klage wurde dem Beklagten am 10. Oktober 1908 zugestellt. In der Verhandlung vor dem Landgerichte vom 1. Dezember 1908 trug der Vertreter der Klägerin den Sachverhalt vor und beantragte Verurteilung des Beklagten nach dem Inhalte der Klageschrift. Er erklärte zugleich, daß sich Maria Horn vorbehalte, auch die andere Hälfte des Schadens geltend zu machen, der durch die grundlose Auflösung des Verlöbnisses entstanden sei. Der Vertreter des Beklagten, Rechtsanwalt Hecht, beantragte die Abweisung der Klage. Er gab zu, daß der Beklagte ohne triftigen Grund von dem Verlöbnisse zurückgetreten sei, erkannte

auch das weitere Vorbringen der Klägerin als richtig an, wandte aber ein, die Klägerin habe auf alle Ansprüche aus der Auflösung des Verlöbnisses verzichtet. Einige Tage nach dem Bruche — am 10. Juli 1908 — habe der Beklagte als billig denkender Mann sie aufgesucht und sich erboten, einen günstigen Verkauf der Möbel zu vermitteln und gegebenen Falles den Preisunterschied zu zahlen. Sie habe ihm jedoch erwidert: „Ich will nichts mehr von Dir wissen, meine Möbel werde ich schon selbst unterbringen, ich habe Geld genug, von Dir brauche ich keine Entschädigung", worauf er sich entfernt habe mit den Worten: „Gut, dann bekommst Du eben nichts von mir". Als Zeugin für die Richtigkeit dieser Behauptungen benannte der Rechtsanwalt die Dienstmagd Eulalia Quark. Sodann erhob er Widerklage mit dem Antrage festzustellen, daß der Klägerin aus der Auflösung des Verlöbnisses kein Anspruch zustehe, und rechnete schließlich gegenüber dem Anspruche der Klägerin auf Ersatz des Schadens aus der Auflösung des Verlöbnisses mit einer Gegenforderung von 2000 Mk. auf; er behauptete, der Beklagte habe dem Vater der Klägerin, dem Bäcker Karl Horn, diesen Betrag geliehen und die Klägerin habe sich für die Rückzahlung als Selbstschuldnerin verbürgt. Der Vertreter der Klägerin gab das zu.

Die Verhandlung über den Anspruch auf Schmerzensgeld und auf Ersatz der Kurkosten wurde auf den Grund des Anspruchs beschränkt. Das Landgericht erließ am 3. Januar 1909 ein Zwischenteilurteil, das den Anspruch dem Grunde nach für berechtigt erklärte.

Am 5. Januar 1909 starb Rechtsanwalt Hecht. Für den Beklagten trat zunächst kein neuer Anwalt auf. Rechtsanwalt Schneid ließ deshalb das Urteil dem Beklagten selbst am 15. Januar 1909 zustellen. Am 20. Januar 1909 zeigte der Rechtsanwalt Korn dem Rechtsanwalte Schneid an, daß ihn Braun als Prozeßbevollmächtigten bestellt habe. Am 1. Februar 1909 stellte Rechtsanwalt Schneid den Antrag, in die Verhandlung über die Höhe des Anspruchs einzutreten. Zur Verhandlung über diesen Antrag wurde Termin auf den 15. Februar 1909 anberaumt; Rechtsanwalt Korn trat dem Antrag entgegen, das Gericht gab ihm aber statt; in der

Verhandlung hatte Rechtsanwalt Schneid mitgeteilt, daß ihm die Nachweise für die Zustellung des Urteils vom 3. Januar 1909 abhanden gekommen seien. Rechtsanwalt Korn hatte erklärt, die Ausfertigung des Urteils sei allerdings dem Beklagten, soviel er wisse, am 15. Januar 1909 zugestellt worden, sie sei jedoch nicht mehr aufzufinden.

Nach Durchführung der Beweisaufnahme verurteilte das Landgericht am 1. April 1909 den Beklagten zur Zahlung von 300 Mk. Schmerzensgeld und zum Ersatze der Kurkosten in der Höhe von 400 Mk. Rechtsanwalt Korn legte gegen dieses Urteil namens des Braun Berufung ein. Er beantragte in der Berufungsverhandlung, die am 1. Juni 1909 stattfand, das Urteil vom 1. April 1909 aufzuheben und die Klage auf Ersatz des Schmerzensgeldes und der Kurkosten abzuweisen; bei der Entstehung des Schadens habe nämlich ein Verschulden der Klägerin mitgewirkt; sie habe es trotz eines Zurufes des Beklagten versäumt, vom Wagen rechtzeitig abzuspringen. Übrigens habe sie auch die Heilung ihrer Verletzung dadurch erschwert, daß sie sich zunächst an einen Kurpfuscher gewendet habe; dadurch seien die Kosten der ärztlichen Behandlung um mindestens 200 Mk. erhöht worden. Vorsorglich beantrage er deshalb, die Klage auf Ersatz der Kurkosten insoweit abzuweisen, als der Anspruch den Betrag von 200 Mk. übersteige.

Rechtsanwalt Schneid gab zu, daß das tatsächliche Vorbringen des Beklagten richtig sei, verwahrte sich aber dagegen, daß es berücksichtigt werde, weil solche Behauptungen jetzt nicht mehr vorgebracht werden dürften. Er schloß sich übrigens der Berufung an und erweiterte den Klageantrag, indem er die Zahlung von 100 Mk. forderte, die Maria Horn dem Braun um Neujahr 1908 vorgestreckt habe. Rechtsanwalt Korn behauptete, das Darlehen sei zurückgezahlt; er bot Zeugenbeweis dafür an.

Das Berufungsgericht vertagte die Verkündung der Entscheidung auf den 8. Juni 1909.

Inzwischen hatte Rechtsanwalt Korn das Urteil des Landgerichts vom 3. Januar 1909 dem Rechtsanwalte Schneid am

20. April 1909 zustellen lassen und am 14. Mai Berufung eingelegt. Am 6. Juni 1909 wurde über die Berufung verhandelt.

Rechtsanwalt Korn führte aus: Es könne keine Rede davon sein, daß der Beklagte als Tierhalter hafte; das Pferd habe sich während der Fahrt unter der Gewalt des Lenkers befunden, in solchen Fällen finde der § 833 BGB. keine Anwendung. Das Pferd sei kein Luxuspferd, sondern diene der Erwerbstätigkeit des Braun. Nach der Sachlage habe es der Beklagte auch nicht nötig, den Beweis zu führen, daß er seiner Aufsichtspflicht genügt habe; wenn ein Tier vor dem Wagen gehe, bedürfe es keiner „Aufsicht", nur der richtigen Lenkung, und daß es daran nicht gefehlt habe, werde die Klägerin wohl selbst nicht bestreiten wollen.

Rechtsanwalt Schneid hatte kurz vor dem Termine die Nachweise für die Zustellung des Urteils vom 3. Januar 1909 wieder gefunden. Er legte sie in der Berufungsverhandlung vor und führte aus:

Die Berufung sei verspätet und deshalb unzulässig. Die Prüfung der Rechtsausführungen des Gegners überlasse er getrost dem Gerichte. Nur vorsorglich wolle er bemerken: Der Beklagte hätte das Pferd gar nicht zur Fahrt verwenden sollen, weil er wußte, daß es stark „nervös veranlagt" und bei der Fahrt auf belebten Landstraßen überaus unruhig sei.

Rechtsanwalt Korn erwiderte: Der Gegner wolle anscheinend die Klage jetzt auf ein Verschulden des Braun stützen. Darin liege eine unzulässige Änderung der Klage, der er sich widersetze. Übrigens vermisse er ein Beweisangebot.

Das Gericht vertagte die Verkündung der Entscheidung auf den 8. Juni 1909.

Vor dem Landgerichte war der Rechtsstreit über die Ansprüche der Maria Horn aus der Auflösung des Verlöbnisses fortgesetzt worden. Die als Zeugin benannte Eulalia Quark konnte längere Zeit nicht gefunden werden. Ihre Vernehmung fand erst am 1. Oktober 1910 statt. Die Aussage der Zeugin war so unbestimmt, das ihr kein Glaube beigemessen werden konnte. Der Vertreter der Klägerin erweiterte bei der Fortsetzung der Verhandlung am 1. Oktober 1910 den Klagantrag; er beantragte, den Beklagten zum Ersatze des ganzen

Schadens zu verurteilen, den die Klägerin durch den grundlosen Rücktritt vom Verlöbnis erlitten habe, also zur Zahlung von 2000 Mk. In der Schlußverhandlung vom 1. November 1910 wiederholte der Vertreter der Klägerin den erweiterten Klagantrag. Der Vertreter des Beklagten wiederholte den Antrag der Widerklage und beantragte den Antrag der Klägerin abzuweisen. Der Anspruch der Klägerin auf Ersatz von weiteren 1000 Mk. sei verjährt, im übrigen sei der Antrag auf Ersatz des Schadens ohne weiteres hinfällig, weil ihm die Gegenforderung zu 2000 Mk. gegenüberstehe, mit der aufgerechnet sei. Vorsorglich schob der Vertreter des Beklagten der Klägerin folgenden Eid zu: „Es ist nicht wahr, daß ich am 10. Juli 1908 dem Beklagten erklärt habe: „Von dir brauche ich keine Entschädigung", und daß er hierauf entgegnet habe: „Gut, dann bekommst du eben nichts von mir." Der Vertreter der Klägerin beantragte die Widerklage abzuweisen und entgegnete, Verjährung sei nicht eingetreten, weil der Beklagte in der ersten Verhandlung vom 1. Dezember 1908 das ganze Vorbringen der Klägerin, auch soweit es sich auf die Restforderung von 1000 Mk. bezog, anerkannt habe und durch dieses Anerkenntnis der ganzen Forderung die Verjährung unterbrochen sei. Den ihr zugeschobenen Eid nahm die Klägerin an. Ihr Vertreter bemerkte jedoch, daß es auf den Eid wohl kaum ankommen werde. Die Äußerung der Klägerin beweise nichts, solange nicht dargetan sei, daß die Klägerin sie ernstlich gemeint habe und nicht nur ihrem Unmut habe Ausdruck geben wollen.

Max Braun, der über das Vorgehen seiner früheren Braut sehr aufgebracht war, ließ gegen ihren Vater, den Bäcker Karl Horn, dem er Anfangs 1908 ein Darlehen von 1000 Mk. gegeben hatte, eine Klage auf Zahlung dieses Betrags bei dem Landgericht erheben. In der mündlichen Verhandlung vom 15. November 1909 brachte der Vertreter des Beklagten vor, eine Verbindlichkeit zur Rückzahlung der 1000 Mk. bestehe nicht, weil die 1000 Mk. aus einem Lotteriegewinn des Klägers herrührten und von dem Kläger dem Beklagten gegeben worden seien, damit der Beklagte seine Spielschulden aus Differenzgeschäften zahle. Weiter machte der Vertreter

des Beklagten geltend, der Beklagte habe die erwerbsunfähige und mittellose Mutter des Klägers vom 1. Januar 1906 bis zum 1. Januar 1908 bei sich beherbergt und verpflegt, beanspruche dafür 1800 Mk., rechne mit dieser Gegenforderung bis zur Höhe der Klageforderung auf und erhebe auf den Überschuß Widerklage; der Vertreter des Klägers gab die Behauptungen des Beklagten zu und bestritt nur die Höhe der Gegenforderung. Dafür bot der Vertreter des Beklagten Zeugenbeweis an. Das Landgericht erließ am 2. Dezember 1909 folgendes Urteil:

1. Der Beklagte ist schuldig, an den Kläger 1000 Mk. zu zahlen.

2. Die Gegenforderung des Beklagten wird dem Grunde nach für berechtigt erklärt.

3. Die durch die Entscheidung in Nr. 1 verursachten Kosten hat der Beklagte, die übrigen Kosten der Kläger zu tragen.

Gegen die Aussprüche in Nr. 1 und 3 des Urteils vom 2. Dezember 1909 legte der Beklagte, gegen die Aussprüche in Nr. 2 und 3 der Kläger Berufung ein. In der Berufungsverhandlung vom 20. Januar 1910 wiederholten die Parteivertreter die in erster Instanz gestellten Anträge und Erklärungen.

I. Wie hat das Oberlandesgericht über die Berufungen gegen die Urteile vom 3. Januar 1909 und vom 1. April 1909 zu entscheiden?

II. Wie hat das Landgericht über den Antrag auf Verurteilung des Max Braun zum Ersatze des Schadens aus der Auflösung des Verlöbnisses und über die Widerklage des Max Braun zu entscheiden?

III. Wie hat das Oberlandesgericht über die Berufungen gegen das Urteil vom 2. Dezember 1909 zu entscheiden?

Die Antworten sind unter Prüfung aller Anträge und Ausführungen der Parteien und unter Anführung der gesetzlichen Vorschriften zu begründen. Bei der Beantwortung der Fragen I und II ist auf den Kostenpunkt keine Rücksicht zu nehmen.

3. Aufgabe.

(Aufgabe mit vierstündiger Arbeitsfrist.)

Mit notarieller Urkunde vom 10. Januar 1906 übergab der Landwirt Friedrich Braun in Waslingen sein in der Steuergemeinde Waslingen gelegenes, im Grundbuche des Amtsgerichts Waslingen als ein einziges Grundstück eingetragenes schulden- und lastenfreies Landgut um 35000 Mk. seinem ledigen Sohne Lorenz Braun. Vater und Sohn einigten sich über den Uebergang des Eigentums auf Lorenz Braun und beantragten die Eintragung des neuen Eigentümers in das Grundbuch. Das Grundbuchamt, in dessen Bezirke das Grundbuch seit 1. Mai 1905 als angelegt erklärt ist, hat die ihm am 12. Januar 1906 vorgelegte Urkunde am gleichen Tage den gestellten Anträgen entsprechend vollzogen. Lorenz Braun geriet schon nach kurzer Zeit in Zahlungsschwierigkeiten.

1. Mit notarieller Urkunde vom 10. März 1906 versprach der Landwirt Peter Groh seinem Nachbarn Lorenz Braun ein Darlehen von 1500 Mk. zu gewähren, für das ihm Braun sofort auf seinem Landgute Hypothek bestellte; sie beantragten zugleich die Eintragung dieser Hypothek und einigten sich dahin, daß der Hypothekenbrief dem Peter Groh durch das Grundbuchamt unmittelbar ausgehändigt werden solle, sobald Peter Groh dem Grundbuchamt eine Bestätigung des Lorenz Braun vorlege, daß das Darlehen gezahlt sei; die Zahlung sollte nach der Eintragung der Hypothek an den Notar erfolgen, den Lorenz Braun zur Empfangnahme des Geldes ermächtigt und beauftragt hatte, das Geld zur Befriedigung eines drängenden Gläubigers zu verwenden. Die Urkunde wurde dem Grundbuchamt am 12. März 1906 vorgelegt und von ihm am gleichen Tage vollzogen. Das Grundbuchamt händigte den Hypothekenbrief ohne weiteres dem Peter Groh aus, obwohl dieser den Nachweis für die Auszahlung des Darlehens noch nicht erbracht hatte. Erst zwei Tage nach Empfang des Hypothekenbriefs, am 14. März 1906, zahlte Peter Groh den Darlehensbetrag zu 1500 Mk. bei dem Notar ein; im Drange der Geschäfte unterließ es dieser, das Geld sofort im Kasseschranke zu verwahren; als er es am

nächsten Tage dem bestimmten Zwecke zuführen wollte, war es abhanden gekommen. Erst am 9. April 1906 setzte der Notar den Lorenz Braun von dem Verluste des Geldes in Kenntnis.

Am 20. April 1906 trat Peter Groh seine Forderung gegen Lorenz Braun an den Kaufman Franz Hiller ab, indem er auf den Hypothekenbrief eigenhändig den Abtretungsvermerk setzte und den Hypothekenbrief dem Franz Hiller übergab. Im Grundbuche wurde die Abtretung nicht eingetragen.

Nun erhob Lorenz Braun beim zuständigen Landgerichte gegen Peter Groh Klage auf Bewilligung der Löschung der für ihn eingetragenen Hypothek mit der Begründung, daß die Hingabe des Darlehens nicht erfolgt sei, und erwirkte am 1. Juni 1906 dementsprechend Versäumnisurteil, das rechtskräftig wurde. Als Franz Hiller dies erfuhr, beantragte er am 2. Juli 1906 vormittags 10 Uhr beim Grundbuchamt unter Vorlegung des Hypothekenbriefs, daß die Hypothek zu 1500 Mk. auf ihn als den nunmehrigen Gläubiger umgeschrieben werde, und für den Fall der Abweisung dieses Antrags, daß zum Schutze seines Anspruchs auf Berichtigung des Grundbuchs ein Widerspruch eingetragen werde. Am gleichen Tage vormittags 11 Uhr fand sich auch Lorenz Braun bei dem Grundbuchamt ein und beantragte unter Vorlegung des mit dem Zeugnisse der Rechtskraft versehenen Versäumnisurteils die Löschung der Hypothek des Groh; den Hypothekenbrief legte er nicht vor. Das Grundbuchamt gab sofort dem Antrage des Lorenz Braun statt, indem es gleichzeitig die Anträge des Hiller zurückwies.

2. Mit notarieller Urkunde vom 1. August 1906 bestellte Lorenz Braun für ein ihm von dem Handelsmann David Strauß zu gewährendes, am 1. Juli 1907 ohne Kündigung fälliges Darlehen zu 20000 Mk. und für 2000 Mk. Sicherheit für Zinsen, Kosten und sonstige Nebenleistungen auf seinem Landgute an erster Stelle Hypothek ohne Brief, wobei er sich in Ansehung der Darlehensschuld der sofortigen Zwangsvollstreckung unterwarf, sich im übrigen aber die Befugnis vorbehielt, mit dem Range vor den beiden Hypotheken des Strauß für einen ihm einzuräumenden Baukredit eine Sicherungs-

hypothek in der Höhe von 6000 Mk. eintragen zu lassen. Braun beantragte die Eintragung der Hypothek und des Rangvorbehalts.

Am 10. August 1906 legte der Notar die Urkunde vom 1. August 1906 dem Grundbuchamt zum Vollzuge vor, das noch am gleichen Tage die Hypotheken des Strauß zu 20 000 Mk. und 2000 Mk. unter Vermerkung ihres Gleichrangs mit dem Rangvorbehalt eintrug. Nach der Eintragung zahlte David Strauß dem Lorenz Braun das Darlehen aus.

3. Am 16. August 1906 beantragte Xaver Reitz auf Grund vollstreckbaren Urteils zum Protokoll des Grundbuchamts die Eintragung einer Sicherungshypothek für 600 Mk. auf dem Landgute des Lorenz Braun; dem Antrage gab das Grundbuchamt sofort statt.

4. Am 10. August 1906 hatte sich Lorenz Braun zu notarieller Urkunde mit dem Bankier Mendel dahin geeinigt, daß dieser ihm einen Baukredit in der Höhe von 6000 Mk. einräumen solle, wofür Lorenz Braun auf seinem Landgute Sicherungshypothek zur ersten Stelle im Range vor den Hypotheken des David Strauß bestellte und deren Eintragung beantragte. Die Urkunde wurde versehentlich erst am 17. August 1906 dem Grundbuchamte vorgelegt. Dieses trug die Sicherungshypothek ein und vermerkte, daß sie den Hypotheken des Strauß vorgehe.

5. Am 10. Januar 1907 trat Lorenz Braun, der schon am 10. Januar 1906 von dem Händler Joseph Frisch ein pünktlich nach einem Jahre rückzahlbares Darlehen von 1500 Mk. erhalten hatte, diesem Gläubiger zahlungshalber die an Stelle der Hypothek des David Strauß zu 2000 Mk. künftig, gleichviel aus welchem Grunde entstehende Eigentümergrundschuld ab; Braun beantragte die Abtretung einzutragen. Der Notar legte am 12. Januar 1907 die Urkunde dem Grundbuchamte zum Vollzuge vor; dieses gab dem Antrag am gleichen Tag statt.

Am 1. Mai 1907 erklärte David Strauß zum Protokolle des Grundbuchamts, daß er auf die für ihn eingetragene Sicherungshypothek zu 2000 Mk. verzichte und die hiernach veranlaßte Berichtigung des Grundbuchs bewillige, worauf das

Grundbuchamt ihm eröffnete, daß das Grundbuch schon am 12. Januar 1907 berichtigt worden sei.

6. Inzwischen erhielt Lorenz Braun am 1. Februar 1907 von der „Kreditfiliale Bardorf" (einer Zweigniederlassung der Aktiengesellschaft Kreditbank in Großstetten) ein Darlehen von 2000 Mk.; er bestellte hierfür mit notarieller Urkunde vom gleichen Tage eine Hypothek ohne Brief an nächst offener Rangstelle auf seinem Landgut und beantragte diese Hypothek für die Kreditbankfiliale Bardorf einzutragen. In derselben Urkunde bestellte er für ein ihm von dem Privatier Franz Los zu gewährendes Darlehen von 10000 Mk. auf seinem Landgute eine weitere Hypothek, die der Hypothek der Kreditbankfiliale Bardorf im Range nachgehen sollte, und beantragte die Eintragung der Hypothek und des Rangvermerks. Die Urkunde kam am 6. Februar 1907 in den Einlauf des Grundbuchamts, das am gleichen Tage die Hypothek des Los eintrug und den Hypothekenbrief dem Lorenz Braun übermittelte, im übrigen aber die Urkunde dem Notar formlos mit dem Bemerken zurückgab, daß das Bestehen und die Firmenbezeichnung der Kreditbankfiliale Bardorf durch einen Auszug aus dem Handelsregister des Amtsgerichts Bardorf nachzuweisen sei.

Als Lorenz Braun von Franz Los die Auszahlung des versprochenen Darlehens verlangte, erfuhr er, daß dieser schon seit Jahresfrist wegen Geisteskrankheit entmündigt sei; sein Vormund verweigerte die Auszahlung des Darlehens.

Am 15. Februar 1907 legte der Notar die Urkunde vom 1. Februar 1907 mit dem Beifügen wieder vor, daß der Handelsregisterauszug noch nicht eingetroffen, daß jedoch Beschlagnahme des Anwesens in Aussicht stehe und die sofortige Eintragung der Hypothek geboten sei. Das Grundbuchamt trug die Hypothek der Kreditbankfiliale am 16. Februar 1907 mit dem Vermerk ein, daß diese Hypothek der Hypothek des Los zu 10000 Mk. im Range vorgehe; der Hypothekenbrief wurde nicht eingefordert.

7. Mit Gerichtsbeschluß vom 15. Mai 1907 wurde die Darlehensforderung des David Strauß zu 20000 Mk. zugunsten einer vollstreckbaren Forderung des Großkaufmanns Friedrich Schnell zu 15000 Mk. gepfändet und diesem zur

Einziehung überwiesen. Die Pfändung wurde am 18. Mai 1907 in das Grundbuch eingetragen. Am 20. Mai 1907 erklärte David Strauß in einer notariellen Urkunde, daß er von seiner Forderung zu 20000 Mk. den Teilbetrag zu 5000 Mk. an Karl Neumann abtrete und die Umschreibung dieses Teilbetrags auf den neuen Gläubiger im Grundbuche bewillige und beantrage. Das Grundbuchamt gab dem Antrage am 21. Mai 1907 statt.

8. Am 19. Juli 1907 beantragte der Kaufmann Anton Lutz, der wegen einer Forderung zu 200 Mk. gegen Lorenz Braun einen Vollstreckungsbefehl erwirkt hatte, beim Vollstreckungsgerichte die Anordnung der Zwangsversteigerung des Landgutes des Lorenz Braun. Diesem Antrage schloß sich am 20. Juli 1907 auch der Pfändungspfandgläubiger Friedrich Schnell auf Grund einer für ihn erteilten vollstreckbaren Ausfertigung der Hypothekenbestellungsurkunde vom 1. August 1906 zugunsten der seit 1. Juli 1907 fälligen Darlehensforderung zu 20000 Mk. an. Mit Beschluß vom 21. Juli 1907 gab das Vollstreckungsgericht den beiden Anträgen zugleich statt; der Versteigerungsvermerk wurde am folgenden Tage in das Grundbuch eingetragen. Die Zustellung des Beschlagnahmebeschlusses an den Schuldner erfolgte am 1. August 1907.

Am 25. September 1907 fand die Zwangsversteigerung statt. Die sämtlichen Gläubiger verlangten Berücksichtigung im geringsten Gebote. Mendel behauptete, ohne Widerspruch zu erfahren, daß Lorenz Braun den ihm gewährten Kredit vollständig in Anspruch genommen habe. Frisch nahm zum Nachweise seines Gläubigerrechts auf das grundbuchamtliche Protokoll vom 1. Mai 1907 (Erklärung des David Strauß) Bezug. Auch Franz Hiller meldete seine Forderung zu 1500 Mk. zum Versteigerungstermin an und beantragte trotz des Widerspruchs des Friedrich Schnell unter Vorlegung des Hypothekenbriefes Berücksichtigung bei der Feststellung des geringsten Gebotes, da die Hypothek am 2. Juli 1906 zu Unrecht gelöscht worden sei. Die für Franz Los eingetragene Hypothek machte Lorenz Braun als Eigentümergrundschuld geltend, indem er den Hypothekenbrief übergab.

Anton Lutz blieb Meistbietender; der Beschluß wurde nicht angefochten.

I. Welche Rechte sind bei der Feststellung des geringsten Gebots zu berücksichtigen?

II. Die Rechtswirksamkeit der einzelnen auf dem Landgute des Lorenz Braun eingetragenen Rechte ist zu prüfen. Auf Grund des Ergebnisses ist festzustellen, wie der Erlös zu verteilen ist, wenn sich dieser

a) auf 23600 Mk.,
b) auf 30100 Mk.

beläuft.

Zu I u. II. Die Antworten sind unter Anführung der in Betracht kommenden gesetzlichen Vorschriften zu begründen. — Die in § 10 Abs. 1 Nr. 1—3 und in § 12 Nr. 1 und 2 des Gesetzes über die Zwangsversteigerung und die Zwangsverwaltung bezeichneten Ansprüche sind nicht zu berücksichtigen.

---

4. Aufgabe.

(Aufgabe mit vierstündiger Arbeitsfrist.)

In der bayerischen Stadt Ölheim sollte sich ein neues Bauquartier erschließen, da sie Garnison bekommen sollte und auch zahlreiche Fabriken sich dort niederlassen wollten. Der Privatmann Adler und der Ziegeleibesitzer Specht in Ölheim hatten deshalb jeder für sich umfangreichen Grundbesitz vor der Stadt zu Spekulationszwecken gekauft. Sie beschlossen im Herbst 1907 eine Aktiengesellschaft zu gründen, um weitere Grundstücke anzukaufen und diese und die schon früher erworbenen Grundstücke gewinnbringend zu verwerten. Schon bei der ersten Besprechung hatten sie vereinbart, daß jeder seinen gesamten Grundbesitz in die Gesellschaft einlegen solle, damit jedem von ihnen die Möglichkeit genommen werde, durch den Verkauf einzelner Grundstücke der Aktiengesellschaft Konkurrenz zu machen. Bei der Einlegung solle ein Einheitspreis zugrunde gelegt werden.

Adler war Eigentümer der zusammenhängenden Plannummern 733, 734, 735 und 736, die „Maierwiesen“ genannt.

Diese 4 Grundstücke hatte er im Jahre 1906 um 3 Mk. für den qm gekauft und zwar zunächst die Pl.-Nr. 734 und 736, später Pl.-Nr. 733 und 735. Pl.-Nr. 733 umfaßte 10 000 qm, Pl.-Nr. 734 800 qm, Pl.-Nr. 735 und Pl.-Nr. 736 je 600 qm.

Adler und Specht gewannen für die Beteiligung an der Gründung der Aktiengesellschaft noch den Privatmann Gimpel und den Güterhändler Habicht, die zu Geldeinlagen bereit waren. In einer Vorbesprechung vom 15. April 1908 gaben Adler und Specht dem Gimpel und dem Habicht ihre bisherigen Vereinbarungen bekannt. Gimpel und Habicht machten daraufhin ebenfalls ihre Beteiligung davon abhängig, daß Adler und Specht ihren ganzen Grundbesitz einlegen. Adler und Specht sagten das wiederholt zu; Adler versprach insbesondere, daß er die Maierwiesen einlegen werde.

Am 1. Mai 1908 errichteten Adler, Specht, Gimpel und Habicht unter Beteiligung des Privatiers Süß die Gesellschaft mit der Firma „Terraingesellschaft Ölheim A.-G.“ und dem Sitze in Ölheim; als Zweck des Unternehmens wurden der Kauf, die Verwaltung, die Verwertung und die Bebauung von Grundstücken bezeichnet; das Grundkapital wurde auf 3 500 000 Mk. festgesetzt und in 3500 Aktien zu je 1000 Mk. zerlegt. Die Gründer übernahmen alle Aktien und zwar legten ein: Adler Grundbesitz im Anschlagswerte von 300 000 Mk., — die Pl.-Nr. 733 und 735 waren jedoch nicht mit aufgeführt und auch bei der Berechnung des Einlagewertes nicht berücksichtigt — Specht Grundbesitz im Anschlagswerte von 200 000 Mk., wobei der Einheitspreis von 4 Mk. für den qm zugrunde gelegt wurde; Gimpel legte 1 000 000 Mk., Habicht 1 500 000 Mk. in Bar ein, Süß verschiedene Bauplätze im Gesamtanschlage zu 500 000 Mk. Den Einlagen entsprechend übernahmen Adler 300, Specht 200, Gimpel 1000, Habicht 1500 und Süß 500 Aktien. Es wurden dann noch Vereinbarungen getroffen über die Bestellung und die Zusammensetzung des Vorstands, über die Form für die Berufung der Generalversammlung und über die Form der Bekanntmachungen. Bei der Errichtung der Gesellschaft versicherte Adler wiederholt, daß er seinen ganzen Grundbesitz in die Gesellschaft einlege.

Die konstituierende Generalversammlung wählte in den ersten Aufsichtsrat Adler, Specht und Gimpel, die die Wahl annahmen. Mit der Abfassung des Gründerberichts beauftragten die Gründer den Adler; sie unterzeichneten den von diesem verfaßten Gründerbericht, ohne sich über die Richtigkeit des Inhalts vergewissert zu haben, worauf ihn Adler an den zum Vorstande gewählten Habicht abgab. In dem Berichte waren die Plannummern 733, 734, 735 und 736 nicht einzeln aufgeführt, sondern nur von den „Maierwiesen" die Rede. Zur Vorbereitung der notariellen Feststellung des Gesellschaftsvertrags übergaben Adler, Specht und Süß ihre Grundsteuerkatasterauszüge dem Rechtsanwalt Gründlich, der sie dem Notar aushändigte. Dabei behielt Adler den Grundsteuerkatasterauszug für die Plannummern 733 und 735 absichtlich zurück.

Am 3. Mai 1908 wurde bei dem Notariat Ölheim der Inhalt des Gesellschaftsvertrags festgestellt. Dazu fanden sich Adler, Specht, Gimpel und Habicht ein; sie übergaben dem Notar die von ihnen und Süß am 1. Mai 1908 schriftlich niedergelegten und unterschriebenen Vertragsbestimmungen und erklärten, daß dies der maßgebende Gesellschaftsvertrag sein solle. Süß konnte wegen einer Erkrankung nicht zu dem Termine kommen. Der Notar Sorglos hatte die Urkunde nach den Angaben des Rechtsanwalts Gründlich vorbereitet und dabei den Süß als „im Amtszimmer des Notars erschienen" aufgeführt. Den Inhalt des übergebenen Schriftstücks und der Erklärung beurkundete der Notar, las die Urkunde vor und ließ sie von den Anwesenden zur Genehmigung unterschreiben. Unmittelbar darnach brachte der Notar die Urkunde in die Wohnung des Süß, ließ sie ihm auf Ersuchen auf kurze Zeit zur Prüfung, entfernte sich unterdessen, holte die inzwischen von Süß unterschriebene Urkunde nach Ablauf einer Stunde wieder und schloß sie mit seinem Namen und seinem Dienstsiegel ab. In der Notariatsurkunde waren als Einlage des Adler u. a. „die Pl.-Nr. 734 und die Pl.-Nr. 736 Maierwiesen", nicht aber die Pl.-Nr. 733 und die Pl.-Nr. 735 aufgeführt.

Im § 11 des Gesellschaftsvertrags war die Bestimmung

enthalten, daß der Ankauf weiterer Grundstücke nur auf Grund eines Beschlusses der Generalversammlung stattfinden dürfe, daß aber beim Ankaufe von Grundstücken im Werte unter 1000 Mk. der Einfachheit und der Kostenersparnis halber von der notariellen Beurkundung des Beschlusses Umgang genommen werden solle; in § 21 war bestimmt, daß den Mitgliedern des Aufsichtsrats auch dann Tantiemen zu bewilligen seien, wenn den Aktionären ein vierprozentiger Gewinn nicht gezahlt werden könne. Der § 22 lautete: „Kaufverträge bedürfen der Genehmigung des Aufsichtsrats, wenn der Kaufpreis mehr als 5000 Mk. beträgt".

Am 6. Mai 1908 wurde die Gesellschaft in das Handelsregister des Amtsgerichts Ölheim eingetragen.

Am 1. Juni 1908 schloß Specht mit dem Vorstande Habicht einen Kaufvertrag: Specht sollte am 1. August 1908 der Gesellschaft um 8500 Mk. Ziegel zum Zwecke der Erbauung einiger Miethäuser liefern; der Kaufpreis sollte am 15. August 1908 fällig sein. Specht hatte bei der Eingehung des Vertrags Kenntnis davon, daß für den Anfang des August ein Ausstand der Bauarbaiter in Ölheim und der Umgebung zu erwarten war, er wußte auch vermöge seiner Beziehungen zu Mitgliedern der Verbände der Arbeiter und der Arbeitgeber, daß an eine Beilegung des Ausstands vor dem Beginne des Winters kaum zu denken war. Er unterließ es, den Habicht auf diese Umstände aufmerksam zu machen. Die Genehmigung des Aufsichtsrats wurde nicht eingeholt.

Am 3. August brach der Streik aus. Habicht, der inzwischen auch erfahren hatte, daß Specht der Gesellschaft einen weit höheren Preis für die Ziegel berechnet hatte, als allen seinen übrigen Kunden, verweigerte die Erfüllung des Kaufvertrags.

Specht erhob hierauf gegen die Gesellschaft Klage auf Abnahme der Ziegel und Zahlung des Kaufpreises. Die Gesellschaft ließ einwenden, der Kaufvertrag sei unwirksam; zur Begründung ließ sie auf die Bestimmung im § 22 des Gesellschaftsvertrags und darauf verweisen, daß Specht bei der Eingehung des Vertrags arglistig gehandelt habe.

Am 20. August 1908 erfuhr Habicht, daß eine auswärtige Zuckerfabrik die Plannummern 733 und 735 zur

Erbauung von Fabrikräumen für eine Zweigniederlassung kaufen wollte. Er berief die Generalversammlung und diese beschloß, da Adler die nachträgliche Uebereignung der beiden Grundstücke an die Gesellschaft verweigerte, die Grundstücke von Adler um den von der Fabrik gebotenen Preis zu 63 600 Mk. (6 Mk. für den qm) zu kaufen. Wäre nämlich der Kaufvertrag mit der Zuckerfabrik zustande gekommen, so würde die Verwertung des Baugeländes der Firma sehr erschwert worden sein, weil die Plannummern 733 und 735 an die Grundstücke der Aktiengesellschaft auf drei Seiten angrenzten. Am 1. September 1908 wurde der Kaufvertrag vollzogen und notariell beurkundet.

Am 15. Oktober 1908 erhob die Terraingesellschaft Ölheim auf Grund eines Beschlusses der Generalversammlung beim Landgerichte Riesburg Klage gegen Adler auf Zahlung von 21 200 Mk. mit folgender Begründung:

Der Wortlaut und der Inhalt des notariellen Gesellschaftsvertrags stimmten nicht überein mit den vor und bei der Gründung der Gesellschaft getroffenen Vereinbarungen, wonach der gesamte Grundbesitz, sohin auch die Plannummern 733 und 735, einzulegen seien. Der Beklagte habe arglistig durch die Zurückbehaltung der Grundsteuerkatasterauszüge veranlaßt, daß diese beiden Grundstücke in die notarielle Urkunde nicht aufgenommen worden seien. Er hafte deshalb der Gesellschaft für den Schaden. Er hafte aber auch dann, wenn ihm nur Fahrlässigkeit zur Last falle; er habe nämlich nicht geprüft, ob alle einzulegenden Grundstücke in der Notariatsurkunde enthalten waren, und dadurch seine Pflichten als Mitglied des ersten Aufsichtsrats verletzt. Der Schaden der Klägerin bestehe in dem Unterschied zwischen dem Einlagewert der Plannummern 733 und 735 bei Annahme des Einheitspreises von 4 Mk. für den qm (42 400 Mk.) und dem beim Kaufe vom 1. September 1908 gezahlten Preise von 6 Mk. für den qm (63 600 Mk.); er betrage also 21 200 Mk.

Adler wendete gegen die Klage folgendes ein:

Die Terraingesellschaft Ölheim könne aus der angeblichen Arglist des Beklagten keinen Anspruch herleiten, auch von einer Fahrlässigkeit des Beklagten als Aufsichtsratsmitglied könne

keine Rede sein. Die Grundstücke Pl.-Nr. 733 und Pl.-Nr. 735 seien nämlich nach dem Willen des Beklagten als Gründers bei der Feststellung des Gesellschaftsvertrags nicht in das Gesellschaftsvermögen eingelegt worden. Auch wenn eine Verpflichtung des Beklagten zur Einlegung bestanden hätte, habe der spätere freiwillige Kauf der Grundstücke durch die Gesellschaft den Anspruch auf Schadensersatz zerstört. Der Gesellschaftsvertrag vom 3. Mai 1908 sei übrigens nichtig, die Terraingesellschaft Ölheim bestehe sonach nicht. Der Notar Sorglos, der den Gesellschaftsvertrag vom 3. Mai 1908 beurkundet habe, sei ein Schwager des Mitgründers Specht, auch verstoße die Form der Beurkundung gegen die gesetzlichen Vorschriften. Überdies seien die Bestimmungen in den §§ 11 und 21 des Gesellschaftsvertrags unzulässig.

Die Klägerin ließ dagegen vorbringen: Ein etwaiger Formfehler bei der notariellen Beurkundung sei durch die Eintragung der Gesellschaft in das Handelsregister geheilt worden. Der Schadensersatzanspruch sei begründet, der nachträgliche Kauf der Grundstücke sei durch das Verschulden des Beklagten notwendig geworden und könne das Recht auf Schadensersatz nicht aufheben.

Wie ist über die Klage des Specht gegen die Gesellschaft und über die Klage der Gesellschaft gegen Adler zu entscheiden?

Die Entscheidungen sind unter Prüfung aller rechtlichen Ausführungen der Parteien zu begründen.

---

5. Aufgabe.

(Aufgabe mit vierstündiger Arbeitsfrist.)

Robert Hartmann betrieb in Eisenberg unter der im Handelsregister eingetragenen Firma „R. Hartmann" die Fabrikation von Maschinen. Die Leitung des kaufmännischen Teils des Betriebs hatte er am 12. Januar 1902 seinem Neffen Rudolf Hartmann übertragen. Am 10. Mai 1908 erteilte er ihm auch Prokura. Die Erteilung der Prokura

wurde noch am gleichen Tage in das Handelsregister eingetragen. Mündlich hatte Robert Hartmann mit seinem Neffen vereinbart, daß dieser Wechselverbindlichkeiten namens der Firma nur mit seiner Zustimmung eingehen dürfe.

Durch einen schriftlichen Vertrag vom 1. Mai 1908 übernahm Robert Hartmann von dem Fabrikbesitzer Simon Rauch in Sonnenthal dessen Geschäftsanteil als Gesellschafter der Spielwarenfabrik Eureka, Gesellschaft mit beschränkter Haftung, im Nennbetrage von 10000 Mk. um den Kaufpreis von 10000 Mk. Am gleichen Tage wurde nachträglich noch mündlich ausgemacht, daß der Kaufpreis am 1. Januar 1909 fällig sein solle. Auf Grund dieser Vereinbarung händigte Robert Hartmann dem Simon Rauch ein mit „Rob. Hartmann" gezeichnetes Blankoakzept aus.

Simon Rauch trat am 20. Mai 1908 die Forderung auf Zahlung des Kaufpreises zu 10000 Mk. mündlich an die Bankfirma S. Stern & Cie. in Eisenberg, eine offene Handelsgesellschaft, ab, deren vollberechtigte Teilhaber die Bankiers Joseph Stern und Julius Großmann waren; zugleich übergab er der Firma das noch unausgefüllte Blankoakzept des Robert Hartmann. Joseph Stern füllte das Blankett auf seine Firma als Ausstellerin und Remittentin aus, setzte jedoch als Verfalltag der Wechselsumme den 1. Oktober 1908 ein, da ihm Simon Rauch angegeben hatte, daß die Kaufpreisforderung an diesem Tage fällig werde. Zugleich fügte er, wie es im Geschäftsverkehr zwischen seiner Firma und Robert Hartmann üblich war, der Adresse des Wechsels den Zusatz bei: „Zahlbar bei Herrn S. Stern & Cie. in Eisenberg" und gab dem Robert Hartmann von der Beifügung dieses Zusatzes Kenntnis.

Robert Hartmann hatte inzwischen den Gesellschaftsanteil des Simon Rauch an die Gesellschaftsfirma Joseph Weinheimer & Cie. in Sonnenthal um 12000 Mk. verkauft. Die Käuferin wünschte notarielle Beurkundung des Vertrags. Um die Kosten einer zweifachen Beurkundung zu ersparen, einigte sie sich mit Robert Hartmann und Simon Rauch dahin, daß Simon Rauch in der Notariatsurkunde unmittelbar als Verkäufer gegenüber der Firma Joseph Weinheimer & Cie. als Käuferin

auftreten, das Geschäft aber auf Rechnung des Robert Hartmann gehen solle. Daraufhin wurde in der Urkunde des Notariats Eisenberg I vom 15. Mai 1908 Nr. 758 beurkundet, daß Simon Rauch seinen Geschäftsanteil an die Firma Joseph Weinheimer & Cie. um 12000 Mk. verkaufe.

Noch am gleichen Tage übergab Joseph Weinheimer als vertretungsberechtigter Teilhaber der Firma Joseph Weinheimer & Cie. ein Blankoakzept, gezeichnet „Joseph Weinheimer", dem Vermittler des Geschäfts, Leo Feldmann, mit der Weisung damit die Kaufpreisschuld zu zahlen. Leo Feldmann übergab das Blankett im Geschäftslokale der Firma R. Hartmann dem Rudolf Hartmann. Dieser wußte, daß die Firma Joseph Weinheimer & Cie. Käuferin war; er fügte dem Akzeptvermerk den Zusatz: „& Cie." bei, wobei er das Einverständnis dieser Firma voraussetzte, füllte das Blankett sodann auf „R. Hartmann" als Aussteller und Remittenten aus und setzte als Adressaten die Herren Joseph Weinheimer & Cie. ein. Auf der Rückseite schrieb er als Blankogiro die Firma „R. Hartmann" ohne Zusatz und bezeichnete die Firma Julius Stern in Sonnenthal als Notadresse. Hierauf gab er den Wechsel an die Firma S. Stern & Cie. in Eisenberg durch Vollgiro weiter.

Die Firma S. Stern & Cie schrieb den Wechselbetrag dem Robert Hartmann gut und begab den Wechsel durch Vollindossament an die Sonnenthaler Volksbank, e. G. m. b. H., in Sonnenthal. Diese gab der Adresse den Zusatz: „falls bei der Sonnenthaler Volksbank, e. G. m. b. H." und girierte und übergab den Wechsel an die Bank für Industrie und Gewerbe, A.-G. in Sonnenthal.

Da die Firma Joseph Weinheimer & Cie. bei Verfall die Zahlung verweigerte, ließ die Bank für Industrie und Gewerbe A.-G. den Wechsel zu 12000 Mk. am 2. Oktober 1908 ordnungsmäßig gegen die Firma Joseph Weinheimer & Cie. protestieren. Nach der Vorlegung des Wechsels und der Protesturkunde erklärten der Prokurist der Sonnenthaler Volksbank, Karl Streng und der Kaufmann Julius Stern als Inhaber der Firma Julius Stern in Sonnenthal namens ihrer Firmen intervenieren zu wollen, und zwar der erste zu

Ehren des Giros seiner Bank, der zweite zu Ehren des Giros des Robert Hartmann. Diese Erklärungen stellte der Gerichtsvollzieher in der Protesturkunde fest.

Die Bank für Industrie und Gewerbe gab hierauf den Wechsel zu 12000 Mk. mit der Protesturkunde im Regreßweg zurück. Die Firma S. Stern & Cie. löste den Wechsel am 6. Oktober 1908 ein.

Da Robert Hartmann seine Verpflichtungen aus beiden Wechseln bestritt, ließ sie gegen ihn Klage im Wechselprozeß auf Zahlung der Wechselsummen zu 10000 Mk. und 12000 Mk. sowie der Zinsen und Wechselkosten stellen.

Robert Hartmann ließ einwenden: Die Beifügung des Domizilvermerks auf den Wechsel zu 10000 Mk. und die nachträgliche Änderung des Akzepts auf dem Wechsel zu 12000 Mk. seien unbefugt geschehen. Wäre die Domizilierung befugt, so fehle es an dem erforderlichen Protest. Auf dem Wechsel zu 10000 Mk. habe nicht der 1. Oktober 1908 als Verfalltag eingesetzt werden dürfen. Endlich werde ihm von Simon Rauch und der Firma Joseph Weinheimer & Cie. das Recht auf den Kaufpreis zu 12000 Mk. und den dafür ausgestellten Wechsel zu 12000 Mk. streitig gemacht, weil nur noch der Inhalt der Notariatsurkunde vom 15. Mai 1908 Nr. 758, aber nicht mehr der Vertrag vom 1. Mai 1908 gelte; er müsse also gewärtigen, daß er mit seinen Ansprüchen gegen die Firma Joseph Weinheimer & Cie. auf Einlösung des Wechsels zu 12000 Mk. unbefriedigt bleibe. Der Firma S. Stern & Cie. habe er kurz vor der Ausfüllung seines Blankoakzepts von diesen Umständen Kenntnis gegeben und sich gleichzeitig gegen die Ausfüllung seines Akzepts verwahrt. Er verweigert also die Einlösung. Rudolf Hartmann sei nicht befugt gewesen, den Wechsel zu 12000 Mk. weiterzugeben, es fehle an einer ordnungsmäßigen Zeichnung seiner Firma. Er bestreite auch seine Regreßpflicht.

Am 4. November 1908 wurde das Konkursverfahren über das Vermögen der Firma S. Stern & Cie eröffnet. Der Konkursverwalter Rechtsanwalt Hurtig ließ am 12. November 1908 dem Prozeßbevollmächtigten des Beklagten Robert Hartmann einen Schriftsatz zustellen, worin er erklärte, daß er als

Konkursverwalter den Rechtsstreit gegen Robert Hartmann aufnehme und diesen zur mündlichen Verhandlung der Hauptsache vor das Prozeßgericht lade. Bei der Verhandlung vom 26. November 1908 beantragte der Konkursverwalter Urteil nach dem ursprünglichen Klagantrag, der Vertreter des Beklagten dagegen die Abweisung der Klage. Der Konkursverwalter änderte hierauf die Klage aus dem Wechsel zu 10000 Mk.; er beantragte, den Beklagten zur Zahlung der Wechselsumme am 1. Januar 1909 zu verurteilen. Hartmann bezeichnete die Änderung der Klage als unzulässig.

In der Konkursmasse fand der Konkursverwalter einen Wechsel, der vom 1. Mai 1908 datiert, eine Woche nach Sicht gestellt und mit der Adresse und dem Akzept der Firma R. Hartmann versehen war, auf dem aber noch der Name des Ausstellers und des Remittenten und die Angabe der Wechselsumme fehlten. Robert Hartmann hatte diesen unvollständigen Wechsel der Firma S. Stern & Cie. als Depotwechsel zur Deckung der Ansprüche aus verschiedenen Geschäften übergeben, die den Ankauf und den Verkauf von Wertpapieren zum Gegenstande hatten. Der Passivsaldo des Hartmann aus diesen Geschäften betrug bei der Konkurseröffnung 8436 Mk. 29 Pfg.

Der Konkursverwalter unterzeichnete den Wechsel mit seinem Namen, ohne seine Eigenschaft als Konkursverwalter beizufügen, trug auf dem Wechsel als Wechselsumme den Passivsaldo des Robert Hartmann zu 8436 Mk. 29 Pfg. ein und stellte den Wechsel an eigene Ordre; zugleich indossierte er ihn an die Bank für Industrie und Gewerbe A.-G. in Sonnenthal, benachrichtigte den Robert Hartmann von dem Geschehenen und bat ihn, den Wechsel gegebenenfalls zu honorieren.

Robert Hartmann lehnte das Ansinnen des Konkursverwalters ab. Der Wechsel wurde protestiert. Der Konkursverwalter mußte ihn wieder einlösen. Er verlangte von Robert Hartmann Zahlung der Wechselsumme nebst Zinsen und Spesen.

Robert Hartmann wendete ein: Der Konkursverwalter sei nicht berechtigt gewesen, den Depotwechsel auszufüllen und weiterzugeben. Übrigens rechne er mit Gegenforderungen zu 4000 Mk. und 6428 Mk. auf. 4000 Mk. habe er zu fordern,

weil er am 26. Oktober 1908 von Maier Falk als Aussteller und Remittenten ein am 10. November 1908 verfallenes Akzept der Firma S. Stern & Cie. zu 4000 Mk. gegen Zahlung der ganzen Valuta durch Giro erworben habe. Die 6428 Mk. beanspruche er aus einem gleichfalls am 10. November 1908 fällig gewordenen Akzept der Firma S. Stern & Cie., das er durch Indossament des Ausstellers und Remittenten Karl Dunst am 25. Oktober 1908 erworben habe.

Der Konkursverwalter bestritt die Zulässigkeit der Aufrechnung und das Bestehen der Gegenforderungen. Das Akzept zu 4000 Mk. habe Julius Großmann namens der Firma S. Stern & Cie. für ein Darlehen zu eigenen Zwecken ausgestellt, Maier Falk habe beim Empfang des Akzepts gewußt, daß Julius Großmann, der damals schon erhebliche Beträge aus der Gesellschaftskasse entnommen hatte, den Wechselbetrag zu 4000 Mk. nie hätte decken können. Auch Robert Hartmann habe davon Kenntnis gehabt, als er den Wechsel erwarb. Bei dem Wechsel zu 6428 Mk. handle es sich, wie Rudolf Hartmann, der Prokurist des Robert Hartmann, bei der Erwerbung gewußt habe, um ein Gefälligkeitsakzept, das die Firma S. Stern & Cie. dem Karl Dunst ausgestellt habe, und das dieser nicht einlösen könne. Karl Dunst habe auch die ursprünglich eingesetzte Wechselsumme zu 428 Mk. (vierhunderachtundzwanzig Mark) durch Vorsetzen der Zahl „6“ und des Wortes „sechstausend“ verfälscht. Die Ausfüllung und Begebung des Wechsels zu 8436 Mk. 29 Pfg. sei zulässig gewesen.

Es sind folgende Fragen zu beantworten:

1. Ist der Klaganspruch des Konkursverwalters aus den Wechseln zu 10000 Mk und 12000 Mk. begründet?
2. Ist der Anspruch des Konkursverwalters aus dem Wechsel zu 8436 Mk. 29 Pfg. begründet? Ist die Aufrechnung zulässig und bestehen die Forderungen, mit denen Robert Hartmann aufrechnen will?

Die Antworten sind unter Angabe der gesetzlichen Vorschriften und unter Würdigung des gesamten Vorbringens der Parteien kurz zu begründen.

6. Aufgabe.

(Aufgabe mit vierstündiger Arbeitsfrist.)

Am 10. Februar 1910 ging dem Staatsanwalte bei dem Landgerichte Nordheim von der Gendarmeriestation in Langdorf eine Anzeige gegen den Bürgermeister Johann Groß in Langdorf wegen Wuchers zu. Die Anzeige war von dem Gütler Johann Klein in Langdorf erstattet, der der Gendarmerie folgendes angegeben hatte. Er sei im Februar 1905 von einem Gläubiger, dem er 1000 Mk. schuldig gewesen sei, auf Zahlung gedrängt worden. Drei oder vier Tage vor dem 1. März 1905 sei er zu Groß gegangen und habe ihm seine Not geklagt. Dieser habe sich anfänglich ablehnend verhalten; schließlich aber habe er sich auf Bitten und Drängen bereit erklärt, einen Versuch zur Beschaffung des Geldes zu machen. Als Klein am übernächsten Tage verabredungsgemäß wieder zu Groß gekommen sei, habe dieser ihm gesagt, er habe trotz aller Bemühungen niemand zur Hergabe des Geldes bereit finden können als den Privatier Ignatz Goldmann in Langdorf, und dieser habe das Geld auch nur für ein Vierteljahr und gegen eine Provision von 200 Mk. bei 6 % Zinsen hergegeben. Klein habe zwar über die Höhe der Provision lebhaft geklagt, aber schließlich einen von Groß geschriebenen Schuldschein unterzeichnet, worin er bekannt habe, von Groß ein am 1. Juni 1905 rückzahlbares Darlehen von 1200 Mk. zu 6 % Zinsen erhalten zu haben. Diesen Schuldschein habe Groß an sich genommen und ihm hierauf 1000 Mk. ausgehändigt. Im Mai 1905 habe Klein von anderer Seite ein größeres Darlehen erhalten und damit am Verfalltage seine Schuld an Groß samt den Zinsen gezahlt.

Der Staatsanwalt ersuchte am 11. Februar 1910 das Amtsgericht Nordheim unter Übersendung der Anzeige, den Bürgermeister Groß als Beschuldigten zu vernehmen. Die Vernehmung fand am 20. Februar 1910 statt. Groß gab zu, daß die Angaben des Klein richtig seien, behauptete aber, er habe in der Tat das Geld von dem inzwischen verstorbenen Goldmann nur zu den angegebenen Bedingungen erhalten, er habe also selbst keinen Vorteil gehabt.

Auf Grund des Ergebnisses der Ermittlungen erhob der Staatsanwalt gegen Groß öffentliche Klage zur Strafkammer des Landgerichts Nordheim wegen eines Vergehens des Wuchers nach den §§ 302a und 302b des Strafgesetzbuchs. In der Anklageschrift wies er darauf hin, daß Groß sich des ihm zur Last gelegten Vergehens selbst dann schuldig gemacht habe, wenn die Vermögensvorteile tatsächlich nur dem Goldmann zugeflossen seien, da der Tatbestand der §§ 302a und b schon dann gegeben sei, wenn der Täter die Vermögensvorteile einem Dritten gewähren oder versprechen lasse.

Die Strafkammer lehnte jedoch mit Beschluß vom 15. März 1910 die Eröffnung des Hauptverfahrens mit der Begründung ab, daß die Sache nicht genügend aufgeklärt sei. Der Staatsanwalt beruhigte sich bei diesem Beschlusse.

Bald darauf lief bei dem Staatsanwalte eine neue Anzeige der Gendarmeriestation in Langdorf gegen den Bürgermeister Groß ein. Hiernach habe der Bauer Fritz Schneider in Burgdorf, einer Nachbargemeinde von Langdorf, im Sommer 1909 geheiratet. Die Hochzeit sei auf den 1. Juli 1909 festgesetzt gewesen, gewisse Gründe aber hätten es ihm wünschenswert gemacht, daß sie schon am 24. Juni 1909 stattfinde. Etwa vierzehn Tage vor dem 24. Juni 1909 sei er deshalb zum Bürgermeister Groß nach Langdorf, wo seine Braut ihren Wohnsitz gehabt habe, gegangen, um sich zu vergewissern, ob er die Heiratspapiere für seine Braut noch rechtzeitig bekommen könne. Groß habe ihm gesagt, schon am 24. Juni 1909 könne die Hochzeit nicht stattfinden. Darauf habe er, Schneider, gesagt, wenn Groß nur wolle, gehe es schon und habe dabei ein Zwanzigmarkstück auf den Tisch gelegt. Groß habe das Geld mit dem Bemerken eingesteckt, er wolle sehen, was sich machen lasse, und wirklich habe er es zu richten gewußt, daß die Hochzeit am 24. Juni 1909 stattfinden konnte.

Am 10. April 1910 wurde Schneider von dem Amtsgerichte Nordheim als Zeuge vernommen; dabei gab er aber an, daß Groß lediglich gesagt habe: „Wenn die Hochzeit am 24. Juni sein solle, dann pressierts aber, ich hab' den „Aushang" noch nicht gemacht, da gehts nur, wenn ich ihn sofort

selbst mache", und daß er, Schneider, nur dafür, daß Groß dies tue, das Goldstück hingelegt habe.

Der Staatsanwalt erhob nun gegen Groß öffentliche Klage zur Strafkammer des Landgerichts Nordheim wegen eines Vergehens der Bestechung nach § 331 des Strafgesetzbuchs. Die Strafkammer beschloß am 25. April 1910, daß zur besseren Aufklärung der Sache Groß richterlich als Beschuldigter zu vernehmen sei. Bei dieser Vernehmung gab Groß zu, das Zwanzigmarkstück eingesteckt zu haben, machte jedoch geltend, er habe das Geld nicht für die Vornahme oder Unterlassung einer Amtshandlung, sondern nur dafür erhalten und angenommen, daß er den „Aushang" sofort selbst gemacht habe, was lediglich eine persönliche Gefälligkeit gewesen sei.

Die Strafkammer beschloß darauf am 1. Mai 1910, das Hauptverfahren gegen Groß nicht zu eröffnen, weil sich nicht feststellen lasse, daß Groß das Geld für eine in sein Amt einschlagende Handlung angenommen habe.

Inzwischen hatte durch das Bezirksamt Nordheim eine Visitation der Gemeinde Langdorf stattgefunden. Aus den Akten über diese Visitation hatte der Staatsanwalt ersehen, daß sowohl der Bürgermeister Groß als der Gastwirt Georg Lang, dem als Gemeindeeinnehmer die Führung des Kassen- und Rechnungswesens der Gemeinde Langdorf übertragen war, mehrerer Unregelmäßigkeiten bei der Ausübung ihrer Ämter verdächtig seien, und daß ein Sohn des Groß, der mit einer Tochter des Lang verheiratete Schreiber Franz Groß, zur Verschleierung einer seinem Schwiegervater zur Last fallenden Unterschlagung mitgewirkt habe. Der Staatsanwalt beschloß, gegen Johann Groß, Georg Lang und Franz Groß Voruntersuchung durchführen zu lassen und richtete, da er nun auch die gegen Johann Groß wegen Bestechung erhobene Anschuldigung einer weiteren Aufklärung für bedürftig hielt und sie mit zum Gegenstande der Voruntersuchung machen wollte, am 2. Mai 1910 an die Strafkammer eine schriftliche Erklärung, worin er die wegen eines Vergehens der Bestechung nach § 331 des Strafgesetzbuchs gegen den Bürgermeister Groß erhobene Anklage zurücknahm.

Diese Erklärung lief noch am 2. Mai 1910 bei dem

Vorsitzenden der Strafkammer ein, als dieser eben seinen Namen unter den von den beiden anderen Richtern schon unterzeichneten Beschluß vom vorhergehenden Tage gesetzt hatte. Der Vorsitzende schrieb nun neben den Beschluß: „Mit Rücksicht auf die heute erfolgte Zurücknahme der öffentlichen Klage fällt dieser Beschluß wieder weg". Diesen Vermerk ließ er von den beiden anderen Richtern unterschreiben, unterschrieb ihn selbst und sandte ihn mit den Akten dem Staatsanwalte. Dieser vermerkte neben die Verfügung des Vorsitzenden, daß er sie am 2. Mai 1910 erhalten habe.

Am gleichen Tage eröffnete der Untersuchungsrichter dem Antrage des Staatsanwalts entsprechend gegen Johann und Franz Groß und gegen Georg Lang Voruntersuchung. Diese hatte folgendes Ergebnis:

Der Bürgermeister Johann Groß hatte für Georg Lang, der nicht recht geschäftsgewandt war, öfter gemeindliche Geldangelegenheiten besorgt. So hatte ihm Lang auch Ende Februar 1905 einen der Gemeinde gehörenden Pfandbrief zu 1000 Mk. zur Besorgung eines neuen Kouponbogens gegeben. Diesen Pfandbrief hatte Groß am 26. Februar 1905 bei dem Bankier Isidor Maier in Nordheim auf seinen Namen für ein mit 5 % verzinsliches Darlehen von 1000 Mk. verpfändet und am 2. Juni 1905 wieder ausgelöst. Als ihm vorgehalten wurde, daß diese Verpfändung doch offenbar mit der Darlehenshingabe an den Gütler Klein in Langdorf im Zusammenhange stehe, widerrief Groß seine frühere Angabe, daß er die dem Klein geliehenen 1000 Mk. von Goldmann zu den behaupteten Bedingungen erhalten habe, und gab zu, daß er, als Klein ihn damals um das Darlehen anging, auf den Gedanken gekommen sei, sich das Geld durch Verpfändung des Pfandbriefs zu verschaffen und so den Gewinn, den vielleicht ein Anderer aus der Verlegenheit des Klein ziehen könnte, selbst zu machen.

Ferner hatte am 1. März 1909 der Mühlbesitzer Adam Müller in Langdorf, dem die Gemeinde ein Hypothekkapital von 4000 Mk. gekündigt hatte, diese Summe auf die Gemeindekanzlei gebracht. Der dort anwesende Bürgermeister Groß hatte dem Müller zunächst erklärt, daß die Geldangelegenheiten der Gemeinde nicht ihn, sondern den Einnehmer Georg Lang an-

gingen, dann aber sich bereit erklärt, das Geld an Lang zu übermitteln. Er hatte das Geld jedoch erst am 1. September 1909 an Lang abgeliefert und es in der Zwischenzeit in der Absicht, die Zinsen für sich zu behalten, auf seinen Namen bei dem Bankier Maier zu 5% verzinslich angelegt; die Zinsen im Betrage von 100 Mk. hatte er für sich behalten.

Hiervon hatte Georg Lang hinterher Kenntnis bekommen und war dadurch auf den Gedanken gebracht worden, dem Beispiele des Bürgermeisters Groß zu folgen. Nach den Angaben, die dieser in der Voruntersuchung machte, verhielt sich die Sache folgendermaßen. Lang hatte im Jahre 1909 in der Gemeindekasse einen Fehlbetrag gehabt, den er aus seiner eigenen Tasche hatte decken müssen. Als er nun im März 1910 einen größeren Barbetrag in der Gemeindekasse liegen hatte, der zu einer erst im September 1910 fälligen Zahlung bestimmt war, beschloß er, von diesem Gelde 2000 Mk. bei dem Bankier Maier auf seinen Namen anzulegen und die Zinsen als Ersatz für jenen Fehlbetrag für sich zu behalten. Bei der unerwarteten Visitation der Gemeinde wurde entdeckt, daß 2000 Mk. in der Gemeindekasse fehlten. Lang wußte, daß die Brauereibesitzerin Marie Schmidt in Nordheim, von der er das Bier für seine Gastwirtschaft bezogen hatte, ihr Anwesen kürzlich verkauft und daher eine größere Geldsumme im Besitz hatte. Er hatte deshalb, als ihm das Fehlen der 2000 Mk. vorgehalten wurde, die Ausrede gebraucht, er habe diese Summe, weil ihm ein hinreichend sicherer Kassenschrank nicht zur Verfügung stehe, der Marie Schmidt zur Aufbewahrung gegeben, hatte dann seinen bei ihm wohnenden Schwiegersohn Franz Groß heimlich zu der Schmidt geschickt und sie bitten lassen, sie möge, falls sie gefragt werde, bestätigen, daß er ihr eine der Gemeinde gehörige Summe von 2000 Mk. zur Aufbewahrung gegeben habe, was sie auch zusagte. Lang und Franz Groß bestritten zwar die Richtigkeit dieser Darstellung des Bürgermeisters, dieser blieb aber auf seinen Angaben bestehen.

Zu der Anschuldigung gegen den Bürgermeister Groß wegen Bestechung förderte die Voruntersuchung neue Tatsachen oder Beweismittel nicht zu Tage.

Nach Schluß der Voruntersuchung beantragte der Staats-

anwalt in einer am 1. Juli 1910 eingereichten Anklageschrift, indem er zugleich die öffentliche Klage gegen den Bürgermeister Groß wegen Wuchers wieder aufnahm, die Eröffnung des Hauptverfahrens vor der Strafkammer

1. gegen den Bürgermeister Johann Groß
   a) wegen eines Vergehens des Wuchers und eines damit in rechtlichem Zusammenhange stehenden Vergehens des Betrugs nach §§ 302a, 302b, 263, 73 des Strafgesetzbuchs,
   b) wegen eines Vergehens der Unterschlagung im Amte nach § 350 des Strafgesetzbuchs, begangen durch die unbefugte Anlegung der von Adam Müller gezahlten 4000 Mk.,
   c) wegen eines Vergehens der Bestechung nach § 331 des Strafgesetzbuchs,

   in sachlichem Zusammenhange nach § 74 des Strafgesetzbuchs;
2. gegen den Gastwirt und Einnehmer Georg Lang wegen eines Vergehens der Unterschlagung im Amte nach § 350 des Strafgesetzbuchs;
3. gegen den Schreiber Franz Groß wegen eines Vergehens der Begünstigung nach § 257 des Strafgesetzbuchs.

Das Verfahren gegen Johann Groß wegen Verpfändung des Pfandbriefs stellte er ein, weil die Strafverfolgung verjährt sei.

Die Strafkammer, deren Besetzung gewechselt hatte, beschloß am 20. Juli 1910 den Anträgen des Staatsanwalts entsprechend mit dem Abmaße, daß sie zu 1a das Hauptverfahren nur wegen eines Vergehens des Betrugs eröffnete, weil hinsichtlich des Wuchers neue Beweismittel oder Tatsachen nicht beigebracht seien.

Am 15. August 1910 fand die Hauptverhandlung statt, bei der die drei Angeklagten durch den Rechtsanwalt Kraus verteidigt wurden.

In dieser wiederholte der Bürgermeister Groß seine früheren Geständnisse.

Der Gütler Klein gab als Zeuge an, er habe an der Richtigkeit der Angabe des Johann Groß nicht gezweifelt, daß

sogar Goldmann, der ihm früher schon öfter mit kleineren Beträgen gegen mäßige Zinsen ausgeholfen habe, so harte Bedingungen stelle, und sei lediglich dadurch bestimmt worden, sich auf die Provision von 200 Mk. einzulassen; wäre er nicht dadurch ängstlich geworden, so hätte er sich anderwärts um das Geld bemüht und es, wie sich später herausgestellt habe, damals schon von seinem späteren Geldgeber gegen 5% Zinsen erhalten.

Weitere Zeugen bekundeten, daß Klein weder als leichtsinnig noch als unerfahren bezeichnet werden könne.

Auf Anregung eines der beisitzenden Richter wurden zu der Anklage gegen Johann Groß wegen Bestechung die Akten über die Verehelichung des Bauers Fritz Schneider von Burgdorf erholt. Ihre Einsichtnahme ergab, daß in der von dem Bürgermeister Groß unterzeichneten Bestätigung des Aushangs des Aufgebots die Angabe des Tages, an dem der Aushang vorgenommen worden sei, nämlich des 12. Juni 1909 durch Radieren in die Angabe „5. Juni 1909" umgeändert worden war. Auf Vorhalt gestand der Bürgermeister Groß, daß er diese Änderung durch seinen Sohn Franz Groß habe vornehmen lassen. Franz Groß gab dies zu.

Darauf stellte der Staatsanwalt den Antrag, das hiernach vorliegende, von den beiden Groß gemeinschaftlich verübte Vergehen der Urkundenfälschung nach § 348 des Strafgesetzbuchs zum Gegenstande derselben Aburteilung zu machen. Der Verteidiger erklärte unter Zustimmung der beiden Groß, daß er hiergegen nichts zu erinnern habe.

Nun bat der Angeklagte Georg Lang, eine Erklärung abgeben zu dürfen und bekundete folgendes: Johann und Franz Groß hätten ihm erzählt, wie die Sache sich verhalten habe. Als Schneider zu dem Bürgermeister Groß gekommen sei, sei das Aufgebot schon ausgehängt gewesen, es hätte aber bei Einhaltung der vierzehntägigen Aufgebotsfrist die Hochzeit am 24. Juni nicht stattfinden können. Der Bürgermeister Groß sei der irrigen Meinung gewesen, daß es sich um ein von ihm selbst angeordnetes Aufgebot handle, und habe dem Schneider gesagt, die Sache lasse sich nur dann regeln, wenn er das ausgehängte Formular beseitige, ein neues an seine Stelle setze

und darin einen früheren Tag als Tag des Beginnes des Aushangs einsetze. Darauf habe Schneider dem Bürgermeister 20 Mk. versprochen, wenn er auf diese Weise die Abhaltung der Hochzeit am 24. Juni ermögliche. Als der Bürgermeister aber das tatsächlich erst am 12. Juni ausgehängte Aufgebot abgenommen habe, habe er gemerkt, daß es sich nicht um ein von ihm, sondern um ein von dem Bürgermeister in Burgdorf, dem Wohnsitze des Bräutigams, angeordnetes Aufgebot handle, das er in Urschrift zurückschicken mußte. Er habe daher, um die 20 Mk. doch zu verdienen, seinem Sohne Franz gesagt, er solle das Datum „12. Juni 1909" in „5. Juni 1909" ändern, was dieser auch getan habe; dann habe er das Aufgebot nach Burgdorf zurückgeschickt. Erst als auf diese Weise die Abhaltung der Hochzeit am 24. Juni ermöglicht gewesen sei, habe Schneider die versprochenen 20 Mk. an Johann Groß gezahlt.

Nach einigem Zögern gestanden Johann und Franz Groß die Richtigkeit dieser Angaben zu.

Georg Lang leugnete anfänglich seine Schuld; auch Franz Groß bestritt, sich des ihm zur Last gelegten Vergehens der Begünstigung schuldig gemacht zu haben. Als aber der Bürgermeister Groß seine früheren belastenden Angaben wiederholte und beifügte, daß sein Sohn nach seiner eigenen Angabe dem Georg Lang, schon bevor dieser das Geld bei dem Bankier Maier anlegte, versprochen habe, im Falle einer unvermuteten Visitation in der Weise, wie es später geschah, für die Bestätigung der Angabe des Lang über die Aufbewahrung des Geldes bei der Marie Schmidt zu sorgen, räumten Georg Lang und Franz Groß die Richtigkeit der Angaben des Bürgermeisters ein.

Soweit nach dem Ergebnisse der Verhandlung die Verurteilung der Anklagten auf Grund anderer als der im Eröffnungsbeschlusse angeführten Strafgesetze in Betracht kommen konnte, wurden die Angeklagten vom Vorsitzenden in vorschriftsgemäßer Weise auf die Möglichkeit der Veränderung des rechtlichen Gesichtspunkts hingewiesen.

Nach Schluß der Beweisaufnahme erklärte der Staatsanwalt, daß er seinen Antrag, die Fälschung der Aushangsbestätigung mit zum Gegenstande der Aburteilung zu machen,

zurückziehe. Ferner beantragte er die Verurteilung des Bürgermeisters Groß nicht nur wegen Betrugs, sondern auch wegen Wuchers, weil Groß zugleich die Notlage des Klein, die nach seiner und des Klein Meinung vorhanden gewesen sei, ausgebeutet habe. Im übrigen beantragte er, die Angeklagten nach Maßgabe des Eröffnungsbeschlusses zu angemessenen Strafen und zu den Kosten des Verfahrens zu verurteilen.

Der Verteidiger beantragte, die Angeklagten freizusprechen. Zu 1a führte er aus, daß der allenfalls vorliegende Betrug verjährt sei, der Verurteilung wegen Wuchers aber die Vorschrift des § 210 der Strafprozeßordnung entgegenstehe. Zu 1c treffe diese Vorschrift allerdings insofern nicht ganz zu, als zur Zeit der Erneuerung der öffentlichen Klage der Beschluß der Strafkammer vom 1. Mai 1910 noch anfechtbar gewesen sei. Allein hier stehe der Verurteilung der Grundsatz ne bis in idem entgegen. Denn die Zurücknahme der ersten hierwegen erhobenen Anklage sei, zumal gegenüber dem Beschlusse der Strafkammer vom 25. April 1910, ebenso unzulässig gewesen wie die einfache Kassierung des ordnungsgemäß gefaßten und von den drei beteiligten Richtern unterzeichneten Beschlusses vom 1. Mai 1910. Dieser sei übrigens auch dem Staatsanwalte nach der Vorschrift des § 41 der Strafprozeßordnung richtig zugestellt worden und deshalb zur Zeit des Eröffnungsbeschlusses längst rechtskräftig gewesen, weshalb die Strafkammer doch den § 210 der Strafprozeßordnung hätte anwenden und die Eröffnung des Hauptverfahrens hätte ablehnen müssen, weil damals neue Tatsachen und Beweismittel nicht vorlagen. Daß solche in der Hauptverhandlung hervorgetreten seien, sei gleichgültig, weil über das Vorhandensein der Voraussetzungen des § 210 der Strafprozeßordnung nur das zur Entscheidung über die Eröffnung des Hauptverfahrens berufene, nicht aber das erkennende Gericht zu befinden habe. Zu 1 b und zu 2 erklärte der Verteidiger, es könne in diesen Fällen von einer Unterschlagung keine Rede sein. Den die Kapitalien hätten sich die Angeklagten nicht aneignen wollen und die Zinsen der auf ihren Namen angelegten Kapitalien seien mit dem Anfall ihr Eigentum geworden. Sonst hätte ja Lang sie in seinem Kassentagebuch als Einnahme buchen müssen und die Unterlassung

dieser Buchung würde seine Handlung zum Verbrechen nach § 351 des Strafgesetzbuchs machen, was der Staatsanwalt selbst nicht annehme. Franz Groß müsse schon deshalb freigesprochen werden, weil er der Schwiegersohn des angeblich Begünstigten sei. Was die Urkundenfälschung anlange, so sei die Zurücknahme der einmal erhobenen öffentlichen Klage gleichfalls unzulässig; er bestehe daher auf sofortiger Aburteilung, beantrage aber Freisprechung; denn strafbare Handlungen lägen nicht vor, weil Franz Groß nicht Beamter sei, also das Delikt des § 348 des Strafgesetzbuchs nicht begehen konnte, bei Johann Groß aber höchstens Anstiftung in Betracht kommen könnte, von einer solchen aber mangels einer Haupttat nicht gesprochen werden könne.

Der Staatsanwalt bezeichnete diese Ausführungen als unzutreffend und wies darauf hin, daß von einer Verjährung des Betrugsvergehens schon deshalb nicht gesprochen werden könne, weil dieses erst dann vollendet gewesen sei, als Klein die Schuld gezahlt habe. Falls die Zurücknahme der Anklage wegen der Urkundenfälschung wirklich für unzulässig gehalten werden sollte, beantragte er, in dieser Richtung Voruntersuchung anzuordnen, weil ein straferhöhender Umstand nach § 349 des Strafgesetzbuchs vorliege und deshalb nach den gesetzlichen Vorschriften die Voruntersuchung stattzufinden habe.

Wie hat die Strafkammer zu entscheiden?

Der Entscheidung ist der Sachverhalt zu Grunde zu legen, der sich aus den schließlichen Geständnissen der Angeklagten ergibt; dabei ist davon auszugehen, daß das Bewußtsein der Rechtswidrigkeit vorliegt, soweit es zum gesetzlichen Tatbestande gehört. Die Entscheidung hat sich nur auf die Schuldfrage zu erstrecken; von einer Strafzumessung und einer Entscheidung im Kostenpunkt ist abzusehen. Die sämtlichen Anträge und Ausführungen des Staatsanwalts und des Verteidigers sind zu würdigen. Die Entscheidung ist unter Anführung der gesetzlichen Vorschriften zu begründen.

7. Aufgabe.

(Aufgabe mit vierstündiger Arbeitsfrist.)

Im Bezirke des bayerischen Amtsgerichts Hirschberg liegen die vorwiegend aus Waldungen bestehende Eigenjagd des Grafen Hohenfels, deren westliche Grenze mit der bayerisch-württembergischen Landesgrenze zusammenfällt, und östlich von ihr die aus Wiesen und Äckern bestehende Gemeindejagd Obermatting, deren nördlicher Teil „Oberleite", deren südlicher Teil „Unterleite" heißt. Durch den Vertrag vom 2. Januar 1905 wurde die Gemeindejagd Obermatting auf sechs Jahre an den Ökonomen Scherm von Unterholzen, einem zwanzig Minuten östlich von Obermatting gelegenen Orte, verpachtet. Scherm übertrug durch den gemeindlich genehmigten Vertrag vom 1. Oktober 1907 die Jagd auf der Oberleite an den Gütler Jakob Faulhuber von Unterholzen; die genaue Einhaltung der Grenzen schärfte Scherm dem Faulhuber ganz besonders ein. Im Norden der gräflichen Eigenjagd liegt das Schloß Hohenfels, neben ihm das Forsthaus, in dem der für den Forst- und Jagdschutz verpflichtete gräfliche Förster Grünberger wohnt. In der Nähe des Schlosses entspringt ein Bächlein, das im weiteren Laufe durch die Oberleite und die Unterleite fließt. Von Obermatting führt durch die Oberleite und die Hohenfels'sche Waldung am Schlosse vorüber ein Fußweg nach dem bayerischen Orte Mausham.

Am 24. September 1910 erwartete Jakob Faulhuber Besuch. Diesem wollte er am Abend ein gebratenes Feldhuhn vorsetzen. Weil er selbst keine Zeit hatte, gab er seinem 11 1/2jährigen Sohne Georg den Auftrag, auf die Jagd zu gehen und ein Feldhuhn zu schießen; er rüstete ihn mit seinem alten Vorderlader aus und gab ihm seinen Jagdhund „Treff" mit. Auf die Bemerkung des jungen Faulhuber, auf der Unterleite gebe es mehr Feldhühner als auf der Oberleite, erwiderte der Vater dem Sohne, dieser solle nicht blöde sein, er solle auf die Unterleite gehen, wenn er auf der Oberleite kein Feldhuhn bekomme; wenn er obacht gebe, werde er nicht erwischt.

Als Georg Faulhuber auf den Jagdbogen des Vaters kam, jagte auf der Unterleite Scherm. Er hatte sein neues Lancastergewehr und seinen Jagdhund „Feldmann" bei sich. Scherm erlegte einen Kitzbock, dessen Alter er vor Abgabe des Schusses zutreffend auf ungefähr fünf Monate geschätzt hatte; Feldmann apportierte ihn. Georg Faulhuber hatte das beobachtet.

Gegen Abend ging Scherm mit seiner Beute nach Hause. Der junge Faulhuber hatte noch immer kein Feldhuhn geschossen. Eingedenk der Worte seines Vaters wollte er gerade auf die Unterleite gehen, da stand ihm auf der Oberleite nahe an der Grenze eine Kette Feldhühner auf. Georg Faulhuber schoß ein Huhn; es fiel jedoch in den Bach, dessen Wasser es in das Scherm'sche Jagdgebiet trug. Georg Faulhuber war einen Augenblick unschlüssig, ob er das Huhn holen solle. Aber weil ihm sein Vater gesagt hatte, er solle auf der Unterleite jagen, wenn er auf der Oberleite kein Huhn bekomme, vergewisserte er sich rasch, daß niemand in der Nähe war, legte dann das Gewehr weg, sprang mit Treff über die Grenze und ließ ihn das Huhn aus dem Bache holen.

Zu Hause erzählte Georg Faulhuber seinem Vater, wie er das Feldhuhn erbeutet hatte; weil er wußte, daß die Jagd auf Kitzböcke verboten ist, machte er ihm auch davon Mitteilung, daß Scherm einen Kitzbock geschossen hatte. Jakob Faulhuber nahm das Huhn und ließ es durch seine Frau zubereiten.

Noch am gleichen Abend verriet Jakob Faulhuber der Gendarmerie, daß Scherm einen Kitzbock geschossen hatte. Die Gendarmerie beschlagnahmte den Kitzbock und erstattete dem Amtsanwalt Anzeige. Wegen der Gefahr des Verderbens ließ der Amtsanwalt mit der Zustimmung des Scherm den Kitzbock versteigern. Den Erlös nahm zunächst der Amtsanwalt in Verwahr. Am 25. Oktober 1910, bevor das Gericht mit der Sache befaßt wurde, starb Scherm.

Am 28. September 1910 gingen Jakob Faulhuber und sein Sohn Heinrich Faulhuber, 22 Jahre alt, auf die Oberleite um zu jagen. Jakob Faulhuber war mit seinem Lieblingsgewehr „Liddy", Heinrich Faulhuber mit einem Abschraubgewehr ausgerüstet. Lange spähten sie vergeblich nach Wild.

Plötzlich sah Jakob Faulhuber auf einer an den gräflichen Wald grenzenden Wiese einen Rehbock. Weil es ihm unmöglich schien, auf seinem Jagdbogen an das Tier auf Schußweite heranzukommen, ging er in den gräflichen Wald, birschte sich in diesem an den Rehbock heran und schoß von einem Fichtendickicht des gräflichen Waldes aus den auf seinem Jagdgebiet stehenden Bock. Als die beiden Faulhuber sich zum Heimgehen anschickten, flog ein Schwarm Stare vorüber. Heinrich Faulhuber, der während des ganzen Tages noch keinen Schuß abgegeben hatte, schoß auf sie; drei Stücke fielen herab; er hob sie auf und gab sie seinem Vater. Dieser bemerkte seinem Sohne, Stare dürfe man nicht schießen; aber lächelnd setzte er hinzu, in der Suppe schmeckten sie gut, und steckte sie in seinen Rucksack.

Am 3. Oktober 1910 besuchte Jakob Faulhuber wieder sein Jagdrevier. Zur Feier des Geburtstages seiner Frau wollte er einen Braten holen. Er hatte sein Gewehr „Liddy“ und seinen Hund „Diana“ bei sich. In seiner Gesellschaft befand sich der zwanzigjährige Fritz Tändlmeier, der Sohn eines Nachbars, der mit dem Lefaucheuxgewehr seines Vaters ausgerüstet war und dessen Hund „Waldl“ mitgenommen hatte. Zuerst schoß Faulhuber einen Hasen an, der in die gräfliche Eigenjagd lief und dort verendet liegen blieb. Faulhuber wollte den Hasen für sich haben; auf sein Geheiß holte Diana den Hasen herüber. Faulhuber legte ihn unter einen Weidenstrauch. Faulhuber und Tändlmeier birschten weiter. Der Händler Kramer von Obermatting, der nach Mausham ging, sah ihnen eine Weile zu. Im Weitergehen entdeckte er den Hasen unter dem Weidenbusche. Er nahm an, daß Faulhuber den Hasen auf seinem Jagdgebiet erlegt habe. Flugs ergriff er den Hasen und steckte ihn in einen leeren Sack, den er bei sich trug. Nach kurzem stand dem Tändlmeier ein Hase auf, der jedoch in den Bezirk des Scherm hinüberwechselte. Faulhuber sah, daß der Hase über die Grenze gelaufen war. Trotzdem rief er dem Tändlmeier zu: „Fritz schieß!“; dieser streckte den Hasen auf dem Jagdbogen des Scherm nieder; er war der Meinung, daß auch dort Faulhuber jagdberechtigt sei. Waldl holte den Hasen und brachte

ihn dem Faulhuber. Im gräflichen Walde begegnete Kramer einem alten Manne, der einen Hasen trug. Wahrheitsgemäß erzählte der Unbekannte dem Kramer, daß vor seinen Augen ein streunender Hund den Hasen erwürgt und liegen gelassen habe; er fragte den Kramer, wer im Walde jagdberechtigt sei, er wolle den Hasen dem Berechtigten bringen. Kramer wollte auch diesen Hasen für sich bekommen. Mit den Worten: „das besorge ich für Dich" nahm er dem Unbekannten, der nicht widersprach, den Hasen aus der Hand und steckte ihn in seinen Sack.

Wahrnehmungen mancher Art brachten den Förster Grünberger auf den Gedanken, daß im gräflichen Walde gewildert werde. Von dieser Vermutung machte er seinem Holzarbeiter Magerbein von Unterholzen, einem ebenso schlauen als habgierigen Menschen, Mitteilung; er versprach ihm ein gutes Trinkgeld, wenn er ihm zur Entdeckung eines Wilderers behilflich sei.

Am Sonntag den 16. Oktober 1910 traf Magerbein vormittags im Wirtshause mit Jakob Faulhuber zusammen. Die beiden saßen allein an einem Tische. Magerbein, der den Faulhuber des Wilderns für fähig hielt, brachte das Gespräch auf die Jagd und flüsterte im Laufe der Unterhaltung dem Faulhuber ins Ohr: „Der Förster ist in der Stadt, ich habe heute früh Glück gehabt; hinter der Jägerhütte im gräflichen Walde, Du kennst den Platz, hab' ich in einer Schlinge ein prächtiges Kitz gefangen. Ich habe eine zweite Schlinge gestellt, verzichte aber Dir zu Liebe auf den weiteren Fang; ich wette, gegen Abend bist Du, wenn Du hinausgehst, des Kirchweihbratens sicher." Faulhuber entgegnete nichts, aber sein Lächeln verriet dem Magerbein, daß er sich den Kirchweihbraten holen werde.

Magerbein eilte zu dem Förster Grünberger und machte ihm von dem Vorfalle Mitteilung. Der Förster begab sich mit einem vormittags von seinem Hunde im gräflichen Revier gefangenen und geknickten Hasen und mit einer Anfang Oktober im Walde gefundenen Schlinge zu der Jagdhütte, machte die Schlinge zurecht, legte den Hasen in die Schlinge, suchte sich ein passendes Versteck zum Auflauern und entfernte sich dann wieder; er glaubte, Faulhuber werde erst gegen Abend kommen. Faulhuber kam aber schon nachmittags, nahm den

Hasen und trug ihn nach Hause. Dem Förster blieb nach seinem Wiederkommen nur mehr die Wegnahme der Schlinge übrig.

Auch Magerbein begab sich nachmittags in den gräflichen Wald; er wollte sehen, wie Faulhuber in die ihm gestellte Falle ging; in der Nähe der Jagdhütte legte er sich ins Gesträuch. Da kam mit schußbereitem Gewehr der 24 jährige ledige Taglöhner Lungermeier von Obermatting durch den Wald. In der Nähe des Magerbein'schen Verstecks sprang eine Rehgeiß auf; Lungermeier erlegte sie mit einem wohlgezielten Schusse. Lungermeier war bis vor kurzem als Jagdbursche im gräflichen Dienste gestanden, aber wegen seines liederlichen Lebenswandels auf Betreiben des Grünberger entlassen worden. Am Mittage des 16. Oktober war er im Schlosse gewesen, um den Grafen zu bitten, die Entlassung rückgängig zu machen, war aber abgewiesen worden. Beim Weggehen sah er vor der Pförtnerwohnung das Gewehr und die gefüllte Patronentasche des Grafen liegen, der kurz vorher von der Jagd gekommen war. Lungermeier nahm Gewehr und Patronentasche und ging in den Wald, um zu jagen. Als Lungermeier die Rehgeiß in seinen Rucksack verpackt hatte, sprang Magerbein aus seinem Verstecke hervor, faßte den Lungermeier am Arme und erklärte ihm, er müsse ihn zum Förster führen. Als aber Lungermeier in die Tasche griff und dem Magerbein ein Dreimarkstück hinhielt, ließ Magerbein den Lungermeier los, nahm das Geld und sagte zu Lungermeier, dieser solle machen, daß er weiter komme. Er selbst schlug sich seitwärts in die Büsche. Lungermeier konnte nun ungestört mit seiner Beute abziehen.

Auf der Oberleite gab es nur mehr wenig Wild. Dort fand Jakob Faulhuber für seine ungezügelte Jagdleidenschaft keine Befriedigung mehr. Am Sonntag den 23. Oktober 1910 morgens ging er mit seinem Sohne Heinrich in den gräflichen Wald, um dort zu jagen; beide waren mit Abschraubgewehren ausgerüstet. Gerade hatte Jakob Faulhuber einen Hasen geschossen und Heinrich Faulhuber war damit beschäftigt, ihn unter Moos zu verstecken, da trat ihnen der ihnen wohlbekannte Förster Grünberger entgegen, den sie in der Kirche vermutet hatten. Die

beiden Faulhuber ergriffen nach verschiedenen Richtungen die Flucht. Grünberger hatte die Wilderer nicht erkannt. Er eilte dem Jakob Faulhuber nach, der gegen die Landesgrenze flüchtete; er wollte die Persönlichkeit des Wilderers feststellen und ihn allenfalls festnehmen. Als Faulhuber und Grünberger schon über der Landesgrenze waren, stellte sich der Wilderer gegen den Förster und legte sein Gewehr auf ihn an. Das Gewehr war nicht geladen. Aber der Förster glaubte, sein Gegner werde schießen; deshalb griff auch Grünberger nach seinem Gewehr; dabei stolperte er über einen Stein und fiel, wobei er sich am Knie eine stark schmerzende Verletzung zuzog. Grünberger mußte nun die Verfolgung aufgeben; mühsam schleppte er sich zur Straße. Die Mitteilung des Magerbein brachte den Förster auf den Gedanken, der Wilderer, den er verfolgt, könne Jakob Faulhuber gewesen sein. Auf einem des Weges kommenden Fuhrwerk ließ sich der Förster nach Unterholzen bringen. Dort begab er sich auf die Gendarmeriestation und dann mit dem Gendarmen Kraft in die Faulhubersche Wohnung. Die Frau Faulhuber war allein anwesend. Als ihr der Gendarm den Grund seines Erscheinens mitteilte, trat Jakob Faulhuber in die Wohnstube. Sofort wurde er durchsucht; in seinem Rocke wurde das Abschraubgewehr gefunden. Gendarm Kraft nahm ihn daraufhin fest. Als der Gendarm den Jakob Faulhuber abführen wollte, kaum Heinrich Faulhuber nach Hause; keiner der beiden Beamten vermutete in ihm den zweiten Wilderer. Heinrich Faulhuber fing über die Festnahme seines Vaters zu jammern an und warf sich ihm an den Hals. Da flüsterte der Vater dem Sohne die Worte ins Ohr: „Nur Mut, erschieß den Förster, schaff' den Zeugen weg!" — Das in der Kleidung des Jakob Faulhuber gefundene Abschraubgewehr nahm der Gendarm Kraft sogleich mit. Am nächsten Tage wurden das zweite Abschraubgewehr, das Gewehr „Liddy" und der Vorderlader beschlagnahmt und in das Forsthaus gebracht.

Heinrich Faulhuber faßte wirklich den Entschluß, den Förster zu erschießen; fortgesetzt beschäftigte ihn der Gedanke, wann und wo sich die beste Gelegenheit hierzu biete. Als Jakob Faulhuber am Tage nach der Festnahme aus dem Gefängnisse seinem Sohne Heinrich über häusliche Angelegen-

heiten schrieb, sagte er zum Schlusse seines Briefes, Heinrich solle die ihm beim Abschied aufgetragene Arbeit nicht tun; er unterstrich diesen Satz. Heinrich Faulhuber verstand den Sinn der Worte; sein Vater wollte ihm sagen, er solle den Förster nicht töten. Aber Heinrich Faulhuber blieb bei dem Entschlusse, den er unter dem unmittelbaren Eindrucke der Abschiedsworte seines Vaters gefaßt hatte. Am 26. Oktober traf Heinrich Faulhuber mit dem Taglöhner Lungermeier zusammen. Faulhuber klagte dem Lungermeier, daß seine Familie durch den Förster Grünberger ins Unglück komme. Lungermeier entgegnete dem Faulhuber, dieser solle doch dem Förster, der auch ihn um die gute Stelle bei dem Grafen gebracht habe, das Lebenslicht ausblasen; wenn Faulhuber das tue, schenke er ihm eine neue Flinte. Faulhuber erwiderte, daß der Förster sterben müsse, das stehe schon längst bei ihm fest; er wisse aber noch nicht, wie er den Entschluß ausführe.

Am Sonntag den 30. Oktober 1910 früh gingen Lungermeier und Heinrich Faulhuber gegen Hohenfels zu. Im Laufe ihrer Gespräche machte Lungermeier den Faulhuber darauf aufmerksam, daß dieser den Förster am besten abends zwischen 6 und 7 Uhr in der Nähe des Forsthauses erwische; um diese Zeit gehe der Förster regelmäßig vom Walde heim; hinter der großen Hecke könne er ihm auflauern; aus dem Verstecke könne er ungesehen ihn niederschießen; möglich sei es aber auch, dem Förster eine Kugel in den Rücken zu jagen, wenn er in dem zu ebener Erde gelegenen Wohnzimmer beim Abendbrot sitze; unter dem Schutze des Waldes könne Faulhuber dann leicht entfliehen. Faulhuber offenbarte dem Lungermeier seine Absicht, das Lieblingsgewehr „Liddy" seines Vaters, das sicher noch im Forsthause sei, dort zu holen; er wolle es seinem Vater bei dessen Rückkehr aus dem Gefängnisse geben und ihm damit eine Freude machen. Als die beiden zum Forsthause kamen, fanden sie die Türe und die Fenster geschlossen; der Förster und seine Frau waren in das Pfarrdorf Wiesing zum Gottesdienst gegangen. Faulhuber versuchte zunächst, die Haustüre mit dem eisenbeschlagenen Stocke aufzusprengen, den er bei sich führte; er gehörte seinem Vater; das gelang ihm nicht. Da erinnerte sich Lungermeier, daß er außer einem im Griffe feststehenden

Messer auch einen Dietrich bei sich hatte. Er gab den Dietrich dem Faulhuber, der damit mühelos die Haustüre aufsperrte. Aus Neugierde ging auch Lungermeier mit Faulhuber ins Forsthaus. Faulhuber durchsuchte die Wohnstube und die Nebenkammer, fand aber das Gewehr nicht. In der irrigen Meinung, der Förster habe die beschlagnahmten Gegenstände schon an die Staatsanwaltschaft gesendet, gab er seinen Plan auf. Lungermeier entdeckte vor dem Weggehen unter den Jagdgeräten des Försters einen geladenen sechsläufigen Revolver. Er nahm ihn und händigte ihn sofort dem Faulhuber mit dem Bemerken ein, daß er „für den Förster" gerade recht wäre. Dann gingen die beiden nach Mausham ins Wirtshaus.

Abends 6 Uhr stellte sich Faulhuber mit schußbereitem Revolver in dem ihm von Lungermeier verratenen Versteck auf die Lauer. Auch Lungermeier war in der Nähe. Nach halbstündigem vergeblichem Warten schlich sich Faulhuber an das offenstehende Fenster der spärlich erleuchteten Wohnstube des Försters. Grünberger saß mit dem Rücken gegen das Fenster. Aus einer Entfernung von vier Meter feuerte Faulhuber unmittelbar nacheinander die sechs Schüsse auf den Förster ab. In der Meinung, daß er den Förster tödlich getroffen habe, wandte er sich zur Flucht. In dem gleichen Augenblicke wurde er aber von dem Gendarmen Kraft gepackt, der zufällig gekommen war, um noch einen Aufschluß von dem Förster zu erholen. Auch der Förster kam hinzu. Die Kugeln hatten ihr Ziel nicht erreicht; eine Kugel hatte aber die Fösterin, die gerade an den Tisch trat und ihrem Manne das Abendbrot vorstellen wollte, in den linken Arm getroffen. Als der Förster die Umgebung des Forsthauses absuchte, fand er unter einem Fichtenbäumchen den Lungermeier; auch er wurde festgenommen. Als Lungermeier von den Gendarmen durchsucht wurde, wurden bei ihm das im Griffe feststehende Messer und der Dietrich gefunden. Faulhuber und Lungermeier wurden von dem Gendarmen Kraft und dem Kutscher des Grafen auf die Gendarmeriestation Unterholzen gebracht. Das im Griffe feststehende Messer und den Dietrich des Lungermeier, den dem Faulhuber abgenommenen Revolver des Försters sowie den eisenbeschlagenen Stock des Jakob Faulhuber, den Heinrich

Faulhuber bei sich gehabt hatte, sandte der Gendarm Kraft mit der Anzeige an die Staatsanwaltschaft.

Auf Anordnung des Untersuchungsrichters wurde an einem der nächsten Tage die Wohnung des Lungermeier durchsucht. Dabei wurden das Gewehr und die Patronentasche des Grafen Hohenfels gefunden. Weil Lungermeier gestand, daß er mit dem Gewehr auf der gräflichen Jagd gejagt und dabei auch die Patronentasche bei sich geführt habe, wurden auch diese Gegenstände in Beschlag genommen.

Welche Personen haben sich strafbarer Handlungen und welcher strafbarer Handlungen haben sie sich schuldig gemacht?

Welche Gegenstände müssen, welche Gegenstände können eingezogen werden? Was hat mit dem Erlöse des Kitzbockes zu geschehen, wie hat der Amtsanwalt hierbei zu verfahren?

Die Antworten sind unter Angabe der gesetzlichen Bestimmungen zu begründen.

---

8. Aufgabe.

(Aufgabe mit vierstündiger Arbeitsfrist.)

I.

Während des Wintersemesters 1909 hörte der in Ostrow in Rußland beheimatete Student Peter Dimitrow an der Bayerischen Technischen Hochschule in Neuberg Chemie. Er geriet in Schulden und konnte seiner Hausfrau die Miete nicht mehr bezahlen. Er kam deshalb auf den Gedanken, Zweimarkstücke nachzumachen und zu verausgaben. Er kaufte sich zu ihrer Herstellung Zinn und Gyps und fertigte nach einem echten Zweimarkstück eine Form. Allein da er sich in seinem Zimmer vor seiner Hausfrau nicht sicher glaubte, unterließ er, ohne seinen Plan aufzugeben, vorläufig die Herstellung des falschen Geldes. Seine Hausfrau nahm ihm, weil er nicht zahlte, ein Werk über Chemie weg, dessen Wert den Betrag ihrer Forderung weit überstieg, und erklärte ihm, sie werde es erst nach Bezahlung seiner Schuld wieder zurückgeben. Dimi-

trow wandte sich um Hilfe an die Polizeibehörde; allein diese lehnte ein Eingreifen ab. Ärgerlich hierüber und in dem irrtümlichen Glauben, nicht genügend geschützt zu sein, reiste er noch vor Schluß des Wintersemesters in seine Heimat ab, nachdem ihm Freunde das nötige Reisegeld gegeben hatten. Er nahm hierbei die Form und das Zinn mit und fertigte dann in Ostrow, wo er noch weiteres Zinn einkaufte, einhundert falsche Zweimarkstücke an.

Den Verlust des mehrbändigen, wertvollen Werkes konnte er nicht verschmerzen. An einem Abend, Ende März 1910, traf er in einem Nebenzimmer eines Kaffees in Ostrow mit seinen fünf, ebenfalls in Ostrow beheimateten Freunden, nämlich den Studierenden der Chemie Abelt, Dannow, Pietrow und Wessely und dem Ingenieur Zarow zusammen. Er erzählte ihnen, wie er es schon öfter getan, von der Zurückbehaltung seines wertvollsten Buches und beklagte sich über den ihm von der Polizeibehörde nicht genügend erwiesenen Schutz. Die sechs Freunde kamen hierbei überein, der Polizeibehörde in Neuberg Unannehmlichkeiten und den Einwohnern einen Schrecken zu bereiten. Sie verabredeten miteinander, in Neuberg ein im Eigentum der Stadt stehendes, nicht zu wertvolles Gebäude mit Pulver in die Luft zu sprengen. Sie vereinbarten aber ausdrücklich, daß durch die Explosion Menschenleben nicht gefährdet werden dürften.

Anfang April 1910, zu Beginn des Sommersemesters, reisten sie deshalb nach Neuberg. Die Studierenden der Chemie immatrikulierten sich an der Technischen Hochschule. Zarow erhielt bei einem Bekannten seines Vaters, dem Steinbruchbesitzer Huber, der in der Nähe von Neuberg große Granitsteinbrüche besaß, eine Stelle als Ingenieur.

Auf der Grenzstation Eydt, schon auf deutschem Boden, hatte Dimitrow zur Bezahlung von Speisen und Getränken im Werte von zwei Mark ein falsches Zweimarkstück hergegeben, das der Buffetinhaber Milinski anstandslos in Zahlung nahm. Das übrige falsche Geld verausgabte er dann in Neuberg in den ersten Tagen seines dortigen Aufenthalts.

Dabei verlor Dimitrow beim Verlassen eines Ladens ein falsches Zweimarkstück. Der 18jährige Metzgergehilfe Michael

Sölch von Neuberg fand es. Sein Freund Viktor Huber machte ihn darauf aufmerksam, daß es falsch sei. Allein Michael Sölch wollte es verwerten und kaufte sich im Zigarrengeschäft Speiser in Neuberg noch am gleichen Tage Zigaretten zu zwei Mark. Als er das falsche Geldstück auf den Ladentisch legte und dem Verkäufer Speiser zuschob, sah es dieser genau an und sagte sofort, daß es falsch sei. Sölch ließ die Zigaretten liegen, nahm das Geldstück rasch wieder an sich und wollte aus dem Laden flüchten, wurde aber zurückgehalten und einem Schutzmann übergeben.

In Neuberg hatte Zarow in der Familie des Huber gute Aufnahme gefunden. Da er hoffen konnte, sich mit der einzigen Tochter des Huber zu verehelichen, trat er von der Ausführung des in Ostrow beschlossenen Komplotts zurück. Er benachrichtigte hiervon seine fünf Freunde, die seinen Rücktritt billigten, ihn aber baten, der Ausführung des Komplotts keine Schwierigkeiten zu bereiten. Zarow sagte dies zu, forderte aber wiederholt, daß bei seiner Ausführung Menschenleben nicht gefährdet werden sollten. Das versprachen ihm seine Freunde.

Nach längerem Suchen fanden die fünf Freunde ein Gebäude in Neuberg, das ihnen für ihren Zweck tauglich schien. Es war dies ein mitten auf dem sehr großen Marktplatz stehender, noch aus dem 18. Jahrhundert stammender tempelartiger Pavillon. Er war aus Stein gebaut, hatte aber außen Verzierungen aus Holz und stand im Eigentum der Stadt, die ihn an einen Buchhändler vermietet hatte, der in dem einzigen Raum des Pavillons einen Zeitungskiosk eingerichtet und in einer der Nachbarstraßen gewohnt hatte.

Der Buchhändler war kürzlich verstorben. Gelegenheit, den Pavillon anderweitig zu vermieten, war für die Stadt nicht vorhanden. So gelang es dem wohlhabenden Abelt, für sich und seine vier Freunde Dannow, Dimitrow, Pietrow und Wessely den Pavillon von der Stadt käuflich zu erwerben. Die fünf neuen Eigentümer erklärten der Stadtverwaltung, daß sie dort eine kleine russische Kunstgewerbeausstellung errichten würden. Die Beschaffenheit des Pavillons erschien ihnen für ihre Zwecke um so günstiger, als durch die Explosion

zugleich eine Inbrandsetzung des Gebäudes herbeigeführt werden konnte.

Ehe sie jedoch die Tat ausführten, kamen ihnen Bedenken. Sie prüften genau, ob nicht hierdurch allenfalls ein Nachbargebäude gefährdet werden könnte. Auf der westlichen, nördlichen und südlichen Seite war der sehr große Marktplatz mit Anlagen umgeben. Die Häuser standen hinter ihnen soweit zurück, daß jede Gefahr für sie ausgeschlossen war. Lediglich auf der östlichen Seite stand 150 Meter von dem Pavillon entfernt das Kaufhaus Zierer, das im zweiten Stock, wie die fünf Freunde wußten, von dem Besitzer und seiner Familie bewohnt war. Das Haus hatte eine noch aus dem Mittelalter stammende Holzfassade. Doch war infolge seiner Entfernung von dem Pavillon, auch wenn Westwind herrschte, jede Gefahr für das Kaufhaus ebenfalls ausgeschlossen.

Um nun das zur Sprengung nötige Pulver zu bekommen, setzte sich Abelt mit dem ihm gelegentlich bekannt gewordenen 22jährigen Sohn des Huber ins Benehmen. Huber bewahrte das für seine Sprengungen in den Steinbrüchen erforderliche Pulver mit polizeilicher Genehmigung in einem außerhalb der Stadt gelegenen unterirdischen Raum auf. Dieser Keller war oben in gleicher Höhe mit der Erdoberfläche mit Rasen bedeckt und durch eine eiserne Türe abgeschlossen, zu der mehrere Stufen hinabführten. Der Keller samt Zugang war mit einer hohen Mauer mit verschließbarem Türeingang umgeben. Die Schlüssel zu diesem Türeingang und zur Türe des Kellers befanden sich in der Wohnung des Huber in dessen verschlossenem Schreibtisch, zu dem Huber den Schlüssel bei sich trug.

Der junge Joseph Huber war wegen Geistesschwäche entmündigt. Er war ein harmloser Geisteskranker. Seine freie Willensbestimmung war zwar durch die krankhafte Störung seiner Geistestätigkeit ausgeschlossen. Doch war dieser Zustand nicht erkenntlich. Abelt hielt den Joseph Huber für geistig gesund.

Unter dem Versprechen, ihm viele russische Zigaretten zu schenken, und unter dem Vorgeben, es handle sich nur um einen Scherz, forderte Abelt den jungen Huber auf, seinem

Vater aus dessen Keller eine größere Menge Pulver zu entwenden und ihm (Abelt) in den Pavillon zu bringen. Abelt erklärte ihm auch, wie er den Schreibtisch seines Vaters mit einem Dietrich öffnen könne und händigte ihm einen solchen aus. Da die Entwendung des Pulvers an einem Tag nicht möglich war, andrerseits aber zu befürchten stand, daß der alte Huber das längere Fehlen der Schlüssel wahrnehmen würde, so forderte Abelt den Joseph Huber auf, seinem Vater mittels des Dietrichs zunächst die Kellerschlüssel zu entwenden; er (Abelt) werde dann sofort von den Schlüsseln einen Wachsabdruck nehmen und Nachschlüssel herstellen; die richtigen Kellerschlüssel könne dann der junge Huber wieder zurückbringen und mit Hilfe der Nachschlüssel das Pulver nach und nach aus dem Keller holen. Joseph Huber führte alles entsprechend der Aufforderung aus. Abelt nahm von den Schlüsseln Wachsabdrücke und fertigte darnach Nachschlüssel an, die er dem Huber übergab. Mittels dieser Nachschlüssel öffnete sodann Joseph Huber den Pulverkeller und entwendete daraus nach und nach 50 Pfund Pulver im Werte von 75 Mk., die er in den Pavillon verbrachte.

In der Zwischenzeit hatte Abelt in die Mauern und die Holzverzierung des Pavillons Löcher gebohrt und dort das Pulver nach und nach untergebracht. Schließlich verband er mit dem Pulver in den Minenlöchern eine Zündschnur derart, daß sie außerhalb des Pavillons entzündet werden konnte.

Am 14. Mai 1910 Nachmittag um 4 Uhr verließ Abelt den unbewohnten Pavillon, sperrte ihn ab und begab sich in seine nahe Wohnung. Abends um 10 Uhr traf er mit Dannow, Dimitrow, Pietrow und Wessely in einem Kaffee zusammen. Sie kamen überein, vor Mitternacht die Tat auszuführen. Die fünf Freunde begaben sich um 11 Uhr auf den menschenleeren Marktplatz. Dannow, Dimitrow, Pietrow und Wessely gingen mit Abelt nicht an den Pavillon, sondern stellten sich sofort an den vier in den Marktplatz einmündenden Straßen auf, einerseits um etwa zufällig des Wegs kommende Menschen auf irgendeine Weise zurückzuhalten und vor Gefahr zu bewahren, andrerseits um dem Abelt die ungestörte Ausführung der Tat zu ermöglichen.

Als sich Abelt dem Pavillon näherte, sah er, daß in der Zwischenzeit einhundert Meter davon entfernt und gerade in der Richtung auf das Kaufhaus Zierer zu ein großer Haufen von Stroh, Holzwolle, Brettern und Säcken mit Zement aufgeschichtet worden war. Seine Freunde wußten hiervon nichts. Dieser Vorrat von Baumaterialien gehörte dem Baugeschäfte Holzmann in Neuberg, das am nächsten Tage mit Kanalisationsarbeiten am Marktplatz beginnen wollte. Abelt sagte sich sofort, daß dieser Vorrat und mittelbar auch das Kaufhaus Zierer gefährdet werde. Allein er wollte von seinem Plane nicht mehr abstehen und die Tat auch für den Fall ausführen, daß hierdurch der Vorrat von Baumaterialien und das Kaufhaus Zierer in Brand gesetzt würden. Er fand am Pavillon alles unverändert, auch die Türe verschlossen und zündete darauf die Zündschnur an. Nach einer halben Minute erfolgte die Explosion. Dadurch gerieten die Holzteile des Pavillons, insbesondere sein Dach in Brand und der Pavillon stürzte in sich zusammen. Brennende Holzteile flogen auf den Vorrat von Baumaterialien hinüber. Dort fingen sofort das Stroh und dann die Bretter Feuer und der Vorrat brannte zusammen. Durch die Gewalt des Feuers und durch den herrschenden Wind wurden von hier brennende Holzstücke zum Kaufhaus Zierer hinübergeschleudert, dessen Fassade und Dach hierdurch ebenfalls in Brand gesetzt wurden. Das Haus brannte bis zum zweiten Stocke nieder.

Die bald zur Stelle geeilte Feuerwehr fand unter den Trümmern des Mauerwerks des Pavillons einen schwerverwundeten Mann, den Taglöhner Jakob Müller, der kurz vor 11 Uhr ohne Wissen des Abelt mittels eines Dietrichs in den Pavillon gekommen war um dort zu stehlen und, um nicht überrascht zu werden, die Türe wieder hinter sich verschlossen hatte. Müller konnte am Leben erhalten werden; allein es mußten ihm wegen der erlittenen Verletzungen die Beine abgenommen werden.

Joseph Huber verriet, daß er dem Abelt Pulver gegeben habe. Auf diese Weise wurden Abelt, Dannow, Dimitrow, Pietrow, Wessely und Zarow ermittelt und am 1. Juni 1910 in Untersuchungshaft genommen. Sie gaben ebenso wie Michael Sölch den Sachverhalt zu.

Wegen welcher strafbaren Handlung können Abelt, Dannow, Dimitrow, Pietrow, Wessely, Zarow und Michael Sölch verfolgt werden? Die Antworten sind unter Angabe der gesetzlichen Bestimmungen zu begründen.

II.

Dannow, Pietrow und Wessely hatten am 2. Mai 1910 mit zwei jungen Kaufleuten, dem 25jährigen Adolf Ament und dem 19 Jahre alten Berthold Beer in einem Kaffee in Neuberg Streit bekommen und sie gemeinschaftlich durch Faustschläge mißhandelt. Außerdem hatten sie die beiden in gröblicher Weise beschimpft und insbesondere grüne unreife Jungen und Lausbuben genannt.

Auf Anklage des Staatsanwalts verwies die Strafkammer des Landgerichts Neuberg die drei Beschuldigten wegen je zweier Vergehen der gefährlichen Körperverletzung zur Aburteilung vor das Schöffengericht bei dem Amtsgerichte Neuberg.

Wegen der Beleidigungen hatte Ament Privatklage gegen die drei Beschuldigten erhoben, auf Grund deren das Hauptverfahren gegen sie wegen je eines Vergehens der Beleidigung vor diesem Schöffengericht eröffnet wurde.

Beer stellte zwar ebenfalls rechtsförmlich Strafantrag wegen Beleidigung gegen die drei Beschuldigten, erklärte aber ausdrücklich vorerst eine Privatklage nicht erheben zu wollen.

Die Hauptverhandlung über die an das Schöffengericht verwiesene Strafsache wegen Körperverletzung und über die Privatklagesache fand am 4. Juni 1910 statt. Die drei Angeklagten wurden hierzu aus der Untersuchungshaft vorgeführt.

Amtsanwalt und Privatkläger Ament beantragten übereinstimmend die Verbindung beider Sachen. Die Angeklagten hatten hiergegen nichts zu erinnern. Das Schöffengericht beschloß dementsprechend die Verbindung dieser beiden bei ihm anhängigen Strafsachen zum Zwecke gleichzeitiger Verhandlung und verurteilte die Angeklagten wegen je zweier Vergehen der gefährlichen Körperverletzung zur Gesamtstrafe von je zwei Wochen Gefängnis (Einzelstrafen acht und acht Tage Gefängnis) und wegen je eines Vergehens der Beleidigung an Ament

zur Geldstrafe von je 20 Mk., umgewandelt für den Fall der Uneinbringlichkeit in eine Gefängnisstrafe von je vier Tagen.

Am 5. Juni 1910 erklärte Pietrow im Untersuchungsgefängnis zu Protokoll des Gerichtsschreibers, daß er gegen das Urteil vom 4. Juni 1910 Berufung zur Strafkammer des Landgerichts Neuberg einlege. Zur Begründung brachte er vor: Er sei zurzeit mittellos, könne die Geldstrafe von 20 Mk. nicht bezahlen und müsse deshalb die eventuelle Freiheitsstrafe verbüßen. Er beantrage daher, ihn auch wegen der Beleidigung mit einer Gefängnisstrafe zu belegen, die dann mit den wegen der zwei Vergehen der Körperverletzung ausgesprochenen Gefängnisstrafen zu einer Gesamtstrafe zu verbinden sei. Auf diese Weise habe er höchstens eine Gesamtstrafe von 17 Tagen Gefängnis zu verbüßen, während er nach dem schöffengerichtlichen Urteilsspruche eine Gesamtstrafe von 14 Tagen und eine Gefängnisstrafe von vier Tagen verbüßen müßte.

Am 5. Juni 1910 wollte Dannow, der der deutschen Sprache nicht mächtig war und nur russisch sprach, ebenfalls Berufung einlegen, wurde aber vom Gerichtsschreiber, der dieser Sprache nicht genügend mächtig war, mißverstanden. Es kam eine Protokollarerklärung zustande, die Dannow auch unterschrieb, daß er auf das Rechtsmittel der Berufung verzichte.

Der Amtsrichter verfügte die Zustellung des Urteils an Pietrow. Sie erfolgte am 11. Juni 1910. Hiervon erhielt Dannow am 13. Juni 1910 Kenntnis. Er fragte, warum nicht auch ihm das Urteil zugestellt werde, da er doch ebenfalls Berufung eingelegt habe. Erst hierdurch wurde das Mißverständnis zwischen ihm und dem Gerichtsschreiber entdeckt. Es wurde noch am 13. Juni 1910 ein neues Protokoll aufgenommen, inhaltlich dessen Dannow Berufung einlegte und zugleich um Wiedereinsetzung in den vorigen Stand gegen Ablauf der Berufungsfrist bat.

Endlich hatte am 10. Juni 1910 auch der Kaufmann Ament einen Schriftsatz bei dem Amtsgerichte Neuberg eingereicht, in dem er erklärte, daß er sich in Verfahren gegen die 3 Angeklagten wegen Körperverletzung der erhobenen öffentlichen Klage als Nebenkläger anschließe und ebenfalls Berufung gegen das schöffengerichtliche Urteil vom 4. Juni 1910 ein-

lege und zwar sowohl zum Zwecke der Erlangung einer Buße als auch zur Erwirkung einer höheren Bestrafung der drei Angeklagten.

Mit Beschluß vom 15. Juni 1910 erklärte der Amtsrichter die Berufungen der Angeklagten Dannow und Pietrow und des Nebenklägers Ament für zulässig, setzte den Dannow gegen Ablauf der Berufungsfrist in den vorigen Stand wieder ein, verfügte die Zustellung des Urteils auch an diesen und sprach aus, daß Ament berechtigt sei, sich der erhobenen Klage wegen Köperverletzung als Nebenkläger anzuschließen.

Am 15. Juli 1910 fand vor der Strafkammer des Landgerichts Neuberg Berufungsverhandlung statt. Sofort nach Eröffnung der Hauptverhandlung trat der in der Strafsache wegen Körperverletzung als Zeuge vorgeladene Berthold Beer vor und gab zum Sitzungsprotokoll die Erklärung ab, daß er nunmehr der von Ament erhobenen Privatklage beitrete. Der Staatsanwalt und der Privatkläger Ament hatten gegen den Beitritt des Beer nichts zu erinnern, weil dieser rechtzeitig Strafantrag gestellt habe. Ebensowenig erhoben die drei aus der Untersuchungshaft vorgeführten Angeklagten eine Erinnerung. Nach durchführter Hauptverhandlung beantragten Dannow eine mildere Strafe, Pietrow die Zuerkennung einer Gesamtstrafe von 17 Tagen Gefängnis, Ament lediglich eine höhere Strafe gegen die drei Angeklagten wegen Körperverletzung. Der Angeklagte Wessely und der Staatsanwalt überließen die Entscheidung dem Ermessen des Gerichts. Beer stellte keinen Antrag.

Ist der Beschluß des Amtsrichters vom 15. Juni 1910 zu Recht ergangen? Wie hat das Berufungsgericht zu entscheiden? Dabei ist anzunehmen, daß das Berufungsgericht den Schuld- und Strafausspruch des Schöffengerichts für gerechtfertigt erachtet. Einer Entscheidung im Kostenpunkt bedarf es nicht.

Die Antworten sind unter Angabe der gesetzlichen Bestimmungen zu begründen.

---

9. Aufgabe.

(Aufgabe mit neunstündiger Arbeitsfrist.)

Der bei dem bayerischen Landgerichte Weingarten zugelassene Rechtsanwalt Wolf reichte als Prozeßbevollmächtigter des Kaufmanns Heinrich Gerson, des Rentners Ernst Huber, der volljährigen Rentnerstochter Maria Imhof und des Bildhauers Gottfried Kübel in Weingarten eine gegen die Bäckermeister Konrad und David Aumüller in Weingarten gerichtete Klageschrift nebst einer Abschrift ein. Der Vorsitzende der Zivilkammer bestimmte Termin auf den 1. Dezember 1910 vormittags 9 Uhr. Die Klageschrift mit der Terminsbestimmung wurde den Beklagten am 5. November 1910 zugestellt. Die Beklagten bestellten als Prozeßbevollmächtigten den bei dem Landgerichte Weingarten zugelassenen Rechtsanwalt Falk. Die Anwälte wechselten die erforderlichen Schriftsätze; Abschriften für das Gericht wurden auf der Gerichtsschreiberei niedergelegt. In der Sitzung vom 1. Dezember 1910 war die Zivilkammer besetzt mit dem Landgerichtspräsidenten Greiff und den Landesgerichtsräten Baum und Stein; den Dienst des Gerichtsschreibers versah der Sekretär Jung.

Nach dem Aufrufe der Sache forderte der Vorsitzende die Rechtsanwälte zur Verlesung der Anträge auf. Der Rechtsanwalt Wolf verlas aus der Klageschrift den Antrag:

Das Landgericht wolle zu Recht erkennen:

1. Die Beklagten sind gesamtverbindlich schuldig,
   a) an Heinrich Gerson 18 000 Mk., an Ernst Huber 23000 Mk. und an Gottfried Kübel 65 000 Mk. — an jeden samt vier Prozent Zinsen seit 1. Juli 1910 — zu zahlen;
   b) an Maria Imhof das Haus Nr. 7 an der Amalienstraße in Weingarten herauszugeben, es ihr aufzulassen und in ihre Eintragung als Eigentümerin in das Grundbuch zu willigen, ferner an sie 4000 Mk. samt vier Prozent Zinsen vom Tage der Klagezustellung an zu zahlen.
2. Die Beklagten haben die Kosten des Rechtsstreits zu tragen.

Der Rechtsanwalt Falk verlas aus seinem vorbereitenden Schriftsatze den Antrag:

Das Landgericht wolle zu Recht erkennen:

1. Die Klage wird abgewiesen.
2. Die Kläger haben die Kosten des Rechtsstreits zu tragen.

Zur Begründung der Klage machte Rechtsanwalt Wolf geltend:

Im Dezember 1908 erkrankte der Privatier Anton Aumüller in Weingarten schwer. Er errichtete deshalb mit seiner Frau Berta am 15. Dezember 1908 vor dem Notariat in Weingarten ein gemeinschaftliches Testament. In diesem bestimmten sie:

„Wir Anton und Berta Aumüller haben keine gemeinschaftlichen Kinder; aus meiner, des Anton Aumüller, früheren Ehe sind jedoch drei Kinder vorhanden. Wir setzen uns gegenseitig zu Erben ein. Der Überlebende hat den Nachlaß des Verstorbenen unseren Kindern Konrad und David herauszugeben. Konrad und David sollen auch die Erben des Überlebenden sein.

Ich Anton Aumüller verfüge ferner, daß Konrad meinem Freunde Heinrich Gerson 18000 Mk. und David meinem Freunde Ernst Huber 18000 Mk. und meinem Freunde Ludwig Huber 5000 Mk. zahlen sollen. Mein Enkel Fritz Erlenbach, der Sohn meiner Tochter Hedwig, soll nach dem Tode meiner Frau 36000 Mk. erhalten. Meine Tochter Hedwig Erlenbach hat bei ihrer Verheiratung eine Mitgift von 9000 Mk. erhalten; überdies habe ich ihr und ihrem Manne wiederholt Schulden bezahlt; sie ist damit und namentlich im Hinblick auf das ihrem Sohne Fritz zugewandte Vermächtnis hinreichend abgefunden.

Ich Berta Aumüller verfüge, daß meine Nichte Maria Imhof meine zwei Häuser Nr. 6 und 7 an der Amalienstraße in Weingarten und meine Freundin Elisabeth, die Gattin des Bildhauers Gottfried Kübel, sowie deren Mann zusammen 65000 Mk. erhalten sollen. Sollte einer meiner Stiefsöhne Konrad oder David die Erbschaft

meines Mannes ausschlagen, so soll er auch von meiner Erbschaft ausgeschlossen sein und an seine Stelle das Waisenhaus in Weingarten treten."

Anton Aumüller starb am 2. Januar 1909. Das Testament wurde am 19. Januar 1909 eröffnet und von der Witwe sowie von Konrad und David Aumüller und Hedwig Erlenbach anerkannt. Hedwig Erlenbach erklärte dabei, daß sie ihren Pflichtteil verlange.

Am 1. Juli 1910 starb auch Berta Aumüller. Am 15. Juli 1910 fand vor dem Nachlaßgerichte die Nachlaßverhandlung statt. Im Termine waren Konrad und David Aumüller, Maria Imhof und die Mutter der Berta Aumüller, die Bräuerswitwe Christine Meier anwesend. Konrad und David Aumüller erklärten, daß sie die Erbschaft ihres Vaters und ihrer Stiefmutter annehmen. Christine Meier erklärte, ihren Pflichtteil zu beanspruchen. Vom Nachlaßgerichte wurde ermittelt, daß Berta Aumüller an nächsten Verwandten nur ihre Mutter Christine Meier und ihre Nichte Maria Imhof, die Tochter einer verstorbenen Schwester, hinterlassen hat.

Der Vermächtnisnehmer Ludwig Huber ist inzwischen gestorben und von seinem Bruder Ernst Huber allein beerbt worden. Auf ihn ist damit die Vermächtnisforderung des Ludwig Huber übergegangen. Die Vermächtnisnehmer Gerson, Huber, Imhof und Kübel forderten am 15. August 1910 die Erben Konrad und David Aumüller auf, die Vermächtnisse zu erfüllen. Konrad und David Aumüller verweigerten es unter dem Vorwande, sie seien sich über die Höhe des Nachlasses noch nicht klar. Am 2. Oktober 1910 ließen sie das Haus Nr. 6 an der Amalienstraße der Maria Imhof auf; am gleichen Tage fand auch deren Eintragung als Eigentümerin in das Grundbuch statt. Am 16. Oktober 1910 forderte ich namens des Gerson und des Huber sowie der Imhof und der Ehegatten Kübel David und Konrad Aumüller nochmals auf, die Vermächtnisse zu erfüllen, soweit es noch nicht geschehen war. Konrad und David Aumüller lehnten die Erfüllung aber ab. Deshalb erhoben Gerson, Huber, Imhof und Gottfried Kübel — und zwar Ernst Huber auch in seiner Eigenschaft als Erbe des Ludwig Huber, Gottfried Kübel, weil er mit seiner Frau im

gesetzlichen Güterstande lebt, — durch mich Klage auf Erfüllung der Vermächtnisse. Die Imhof beansprucht weiters Herausgabe der von den Beklagten seit dem Tode der Berta Aumüller eingenommenen Mieten aus den Häusern Nr. 6 und 7 an der Amalienstraße; diese Mieten betragen 4000 Mk.

Der Rechtsanwalt Falk führte sodann aus:

Anton Aumüller lebte mit seiner Frau Berta in Errungenschaftsgemeinschaft. Sie hatten diese vereinbart, als sie sich im Jahre 1901 verheirateten.

Als sie heirateten, war Anton Aumüller Bäckermeister. Er brachte in die Ehe sein Haus Nr. 1 an der Odinstraße in Weingarten ein, in dem er die Bäckerei betrieb. Die Frau brachte die Häuser Nr. 6 und 7 an der Amalienstraße in Weingarten ein. Die Frau erbte im Jahre 1903 von ihrem Vater 60000 Mk. und im Jahre 1904 von einer Tante 50000 Mk. Zur Zeit der Eingehung der Ehe war das Haus an der Odinstraße 50000 Mk. wert und mit 40000 Mk. Hypotheken belastet. Das Haus Nr. 6 an der Amalienstraße war 50000 Mk. und das Haus Nr. 7 an der Amalienstraße war 90000 Mk. wert; beide Häuser waren unbelastet. Im Jahre 1907 zog sich Anton Aumüller von seinem Geschäfte zurück. Er verkaufte das Haus an der Odinstraße um 90000 Mk; 40000 Mk. wurden durch Hypothekübernahme gedeckt, 20000 Mk. bar bezahlt, der Rest mit 30000 Mk. ist am 1. Januar 1911 zahlbar. Das Haus hatte rückwärts einen geräumigen Garten; dieser grenzte früher an einen Kanal; inzwischen hat die Stadt den Kanal überbauen und eine Straße herstellen lassen, so daß der Garten Baugelände geworden ist. Daraus erklärt sich, daß das Haus um 40000 Mk. teurer verkauft wurde, als es 1901 wert war. Das Bäckereigeschäft des Aumüller war gut gegangen. Nachdem sich Anton Aumüller zur Ruhe gesetzt hatte, kauften er und seine Frau ein kleines Landhaus in Weingarten um 20000 Mk. Sie bezahlten den Kaufpreis sofort bar.

Beim Tode des Anton Aumüller war an Vermögen des Anton und der Berta Aumüller vorhanden:

die Häuser Nr. 6 und 7 an der Amalienstraße; sie stehen im Grundbuch auf den Mädchennamen der Frau

Berta Aumüller; das Haus Nr. 6 ist 50000 Mk. und das Haus Nr. 7 ist 90000 Mk. wert;

das Landhaus in Weingarten, das im Grundbuch auf den Namen beider Ehegatten eingetragen ist und dessen Wert dem Kaufpreis entspricht;

ein Depot bei der Vereinsbank Weingarten im Nennwerte von 150000 Mk.; der Kurswert ist der gleiche; das Depot lautet auf den Namen des Anton Aumüller;

die Forderung auf Bezahlung des Restkaufschillings für das Haus an der Odinstraße zu 30000 Mk.

Anton Aumüller hatte sein Leben bei der Gothaer Lebensversicherungsbank versichert. Ein bestimmter Empfangsberechtigter ist von ihm nicht bezeichnet worden. Die Bank zahlte die Lebensversicherungssumme zu 10000 Mk. beim Tode des Anton Aumüller an seine Frau aus.

Beim Tode der Berta Aumüller war das vorbeschriebene Vermögen noch vollständig vorhanden, es hatte auch noch den gleichen Wert. Nur das Landhaus war am 27. Juni 1910 größtenteils abgebrannt. Da es gegen Feuer nicht versichert war, so kommt das Grundstück nur als Bauplatz in Betracht, sein Wert beträgt jetzt nur mehr 10000 Mk.

Das beim Tode der Ehegatten Aumüller vorhandene Bargeld ist zur Bezahlung der Krankheits- und Beerdigungskosten aufgebraucht worden.

Das Haus Nr. 6 an der Amalienstraße ist mit 8000 Mk. Hypotheken belastet. Sonstige Schulden waren weder beim Tode des Anton noch der Berta Aumüller vorhanden.

Wie sich aus dem Vortrage des klägerischen Anwalts ergibt, haben Anton und Berta Aumüller ihre Pflichtteilsberechtigten im Testamente zum Teil übergangen. Anton Aumüller hat seine Tochter Hedwig, Berta Aumüller hat ihre Mutter Christine Meier nicht bedacht. Zwischen der Hedwig Erlenbach und den Beklagten Konrad und David Aumüller ist ein Vergleich über den Pflichtteil zustande gekommen. Hedwig Erlenbach erhielt hiernach 10000 Mk. als Abfindung für ihren Pflichtteil ausbezahlt. Christine Meier ist mit ihrem Pflichtteilsanspruch noch nicht befriedigt.

Die von Anton und Berta Aumüller angeordneten Vermächtnisse beruhen auf einem gemeinschaftlichen Testamente, in dem sich Anton und Berta Aumüller gegenseitig zu Erben einsetzen und bestimmen, daß ihr beiderseitiger Nachlaß an dieselben Personen als Erben fallen soll. In einem solchen Falle ist es anerkannten Rechtes, daß die von dem zuerst verstorbenen Ehegatten angeordneten Vermächtnisse durch dessen Tod erledigt sind. Denn der Ehegatte hat die Verfügung nur unter der Voraussetzung getroffen, daß er der überlebende Ehegatte sein wird. Hiernach ist die Klage des Gerson und des Huber unbegründet.

Sie ist es aber auch dann, wenn man dieser Auffassung nicht beitritt. Denn die dem Gerson und dem Huber zugewendeten Vermächtnisse verletzen den Pflichtteil des Konrad und des David Aumüller. Diese können also die Erfüllung der Vermächtnisse insoweit verweigern, als ihnen ihr Pflichtteil nicht verbleibt. Daß der Nachlaß nicht ausreicht, um neben der Summe, welche Hedwig Erlenbach als Pflichtteil erhalten hat, und neben dem Vermächtnisse des Fritz Erlenbach sowohl die Vermächtnisse an Gerson und Huber als auch den Pflichtteil des David und des Konrad Aumüller zu decken, liegt nach dem, was ich über die Höhe des von Anton und Berta Aumüller hinterlassenen Vermögens ausgeführt habe, auf der Hand.

Soweit übrigens Ernst Huber als Erbe des Ludwig Huber das diesem ausgesetzte Vermächtnis beansprucht, ist die Klage auch deshalb unbegründet, weil Ludwig Huber am 2. Februar 1910 gestorben ist. Da er den Tod der Berta Aumüller nicht erlebt hat, ist das ihm ausgesetzte Vermächtnis erloschen.

Der Klage der Maria Imhof muß ich folgendes entgegenhalten: Die Berta Aumüller errichtete am 15. April 1910 ein notarielles Testament, in welchem sie bestimmte, daß Maria Imhof an Stelle des Hauses Nr. 7 an der Amalienstraße 15000 Mk. erhalten solle. Dieses Testament wurde erst aufgefunden, nachdem der Termin vom 15. Juli 1910 vor dem Nachlaßgerichte stattgefunden hatte. Das Nachlaßgericht verkündete das Testament vom 15. April 1910 am

3. August. Ich weiß zwar, daß die Imhof dieses Testament nicht anerkennt, allein ich sehe hierfür keinen rechtfertigenden Grund ein. Die Beklagten haben der Imhof das Haus Nr. 6 an der Amalienstraße schon aufgelassen; sie haben das der Imhof ausgesetzte Vermächtnis insoweit erfüllt. Sie sind an sich auch bereit, ihr die 15000 Mk. zu zahlen, allein wie schon bemerkt, sie haben den Pflichtteilsanspruch der Christine Meier zu befriedigen und sie verlangen, daß die Imhof sich wegen dieses Pflichtteils einen entsprechenden Abzug gefallen läßt. Da die Imhof dies ablehnt, verweigern die Beklagten die Erfüllung des Vermächtnisses.

Aus dem gleichen Grunde verweigern sie auch einstweilen die Erfüllung des den Ehegatten Kübel zugewendeten Vermächtnisses.

Die Kläger verlangen auch Zinsen. Zinsen kann jedoch ein Vermächtnisnehmer erst von der Klagezustellung an fordern. Das Gesagte gilt entsprechend von dem Anspruche der Imhof auf Herausgabe der von den Beklagten vereinnahmten Mietzinsen. Die Häuser Nr. 6 und 7 an der Amalienstraße sind um je 4000 Mk. jährlichen Mietzins vermietet. Der Mietzins ist vierteljährlich, je nach dem Ablauf eines Kalendervierteljahrs, zu zahlen. Die am ersten Juli und ersten Oktober 1910 fällig gewesenen Mietzinse von zusammen 4000 Mk. haben die Beklagten vereinnahmt, sie dürfen sie auch für sich behalten.

Die Vermächtnisnehmer verlangen, daß die Beklagten gesamtverbindlich haften. Hierfür besteht kein gesetzlicher Grund, zumal die Beklagten die Erbschaft noch nicht geteilt haben.

Gegenüber der Klage des Gottfried Kübel muß ich schließlich noch bemerken, daß die 65000 Mk. den Ehegatten Kübel zugewendet sind. Ich halte den Ehemann Kübel nicht für berechtigt, Zahlung des ganzen Vermächtnisses an sich allein zu verlangen.

Rechtsanwalt Wolf erwiderte:

Davon, daß die von Anton Aumüller angeordneten Vermächtnisse hinfällig geworden sind, weil Anton Aumüller vor seiner Frau gestorben ist, kann keine Rede sein. In diesem

Sinne sind die Anordnungen des Aumüller von diesem nicht gemeint. Dies ergibt sich schon aus dem Wortlaute und dem Zusammenhange der Anordnungen. Die Vermächtnisse an Gerson und Huber bestehen deshalb zurecht.

Den Ausführungen meines Gegners hinsichtlich der von Anton Aumüller angeordneten Vermächtnisse liegt offenbar eine unrichtige Berechnung des Nachlasses zugrunde. Der Pflichtteil des Konrad und des David Aumüller wird allein schon durch das Depot bei der Vereinsbank gedeckt. Dieses lautet auf den Namen des Anton Aumüller und gehört deshalb zu dessen Nachlaß. Auch die Lebensversicherung gehört zum Nachlasse des Anton Aumüller. Ferner möchte ich darauf hinweisen, daß das Landhaus bei der Berechnung des Nachlasses des Anton Aumüller zum vollen Werte einzusetzen ist. Das Landhaus ist durch die Fahrlässigkeit der Berta Aumüller in Brand geraten. Berta Aumüller hat in höchst fahrlässiger Weise Benzin in einem offenen Behälter in der Speisekammer in größeren Mengen aufbewahrt. Als sie abends mit offenem Lichte die Speisekammer betrat, stieß sie mit dem Fuße die Benzinkanne um. Bei dieser Gelegenheit geriet das Benzin in Flammen. Bekanntlich erlitt Berta Aumüller selbst hierbei so schwere Brandwunden, daß sie an ihnen starb. Man muß also mindestens den Anspruch, welchen der Nachlaß des Anton Aumüller gegen die Berta Aumüller beziehungsweise deren Nachlaß auf Schadensersatz hat, zum Nachlasse des Anton Aumüller hinzurechnen. Zweifelhaft kann sein, wem es zugute kommt, daß das Haus Nr. 1 an der Odinstraße beim Verkauf um 40000 Mk. mehr wert war als bei Eingehung der Ehe. Es ist dies zwar ein unverdienter Wertzuwachs, ich glaube aber, daß derselbe dem Nachlasse des Anton Aumüller zuzurechnen ist.

Die Kläger vertreten den Standpunkt, daß sie die Frage überhaupt nicht berührt, ob die Beklagten Pflichtteilansprüche zu befriedigen haben oder nicht. Die Hedwig Erlenbach hat übrigens einen Pflichtteil nicht zu beanspruchen, weil sie bei Lebzeiten ihres Vaters von diesem mehr als den Pflichtteil erhalten hat. Sie hat von ihrem Vater ein Heiratsgut von 9000 Mk. erhalten, ferner hat ihr Vater für sie und ihren

Mann 3000 Mk. Schulden bezahlt, beides sowie das ihrem Sohne Fritz zugewandte Vermächtnis muß sie sich anrechnen lassen. Geschieht dies aber, so ergibt eine einfache Rechnung, daß sie nichts mehr zu fordern hat. Wenn die Beklagten ihr gleichwohl im Vergleichswege etwas bezahlt haben, so ist das ihre Sache, den Klägern dürfen sie es aber nicht in Rechnung stellen. Sicherlich aber könnten sie nur den Betrag in Rechnung bringen, den der Pflichtteil wirklich ausmacht, nicht die Summe, welche sie als Abfindung bezahlt haben, denn diese übersteigt den wahren Pflichtteil wesentlich.

Das Vermächtnis an Gerson und Huber war, wie der Wortlaut des Testaments zeigt, mit dem Tode des Anton Aumüller fällig. Denn Anton Aumüller hat von dem an Fritz Erlenbach zahlbaren Vermächtnisse bestimmt, daß es nach dem Tode seiner Frau bezahlt werden solle, und damit ausgedrückt, daß die anderen Vermächtnisse sofort nach seinem Tode fällig seien.

Hiermit ist zugleich nachgewiesen, daß die an Gerson und Huber zu zahlenden Vermächtnisse vom Tage des Todes der Berta Aumüller an zu verzinsen sind, sowie daß die Vermächtnisforderung des Ludwig Huber auf seinen Bruder und alleinigen Erben Ernst Huber übergegangen ist.

Die von Anton Aumüller angeordneten Vermächtnisse erschöpfen dessen Nachlaß, auch wenn man den Pflichtteil der Hedwig Erlenbach in Betracht zieht, nicht. Aber selbst, wenn dies der Fall wäre, könnten die Beklagten nur alle Vermächtnisse gleichmäßig kürzen. Sie könnten auch den eigenen Pflichtteil nur allen Vermächtnisnehmern gegenüber gleichmäßig geltend machen. Sie haben aber das Vermächtnis an Fritz Erlenbach voll gezahlt und damit das Recht verwirkt, dem Gerson und dem Huber Einwendungen daraus entgegen zu halten, daß sie den Pflichtteilsanspruch der Hedwig Erlenbach befriedigt haben und wegen ihres eigenen Pflichtteils zum Teil unbefriedigt bleiben würden.

Das Testament der Berta Aumüller vom 15. April 1910 ist nichtig. Berta Aumüller konnte, nachdem ihr Mann gestorben war und sie dessen Testament anerkannt hatte, kein Testament mehr errichten.

Wie die Beklagten dazu kommen, die Erfüllung der der Marie Imhof und den Ehegatten Kübel ausgesetzten Vermächtnisse wegen des Pflichtteilsanspruchs der Christine Meier zu verweigern, ist mir unbegreiflich. Die Beklagten haben nicht einmal behauptet, daß der ihnen nach Deckung der Vermächtnisse verbleibende Nachlaß nicht hinreicht, um den Pflichtteilsanspruch der Christine Meier zu befriedigen. Eigenes Pflichtteilsrecht aber haben die Beklagten gegenüber der Berta Aumüller nicht.

Gegenüber der Bestreitung der Aktivlegitimation des Gottfried Kübel wiederhole ich, daß dieser mit seiner Frau im gesetzlichen Güterstand lebt. Ich füge bei, daß Elisabeth Kübel damit einverstanden ist, daß ihr Mann die ganzen 65 000 Mk. eingeklagt hat.

Rechtsanwalt Falk entgegnet hierauf:

Es ist richtig, daß das Landhaus durch die Fahrlässigkeit der Berta Aumüller in Brand geriet. Allein von einer Schadensersatzpflicht der Berta Aumüller kann schon deshalb nicht gesprochen werden, weil diese ja mit dem Tode ihres Mannes Alleineigentümerin des Landhauses wurde. Abgesehen davon stünde der Schadensersatzanspruch nur den Erben des Anton Aumüller zu, diese sind aber gleichzeitig die Erben der Berta Aumüller.

Die Lebensversicherungssumme gehört zum Nachlasse der Berta Aumüller; denn ihr hat die Bank die Versicherungssumme ausbezahlt. Will man aber diesen Grund nicht für durchschlagend erachten, so kann sie jedenfalls nur zur Hälfte zum Nachlasse des Anton Aumüller gerechnet werden. Ich vermute auch, daß die Prämien für die Lebensversicherung aus den gemeinsamen Ersparnissen beider Ehegatten entrichtet worden sind.

Bestreiten muß ich, daß das Depot bei der Vereinsbank ganz zum Nachlaße des Anton Aumüller gehört. Es ist klar, daß sich Anton Aumüller nicht während der Ehe eine so große Summe, als das Depot darstellt, erspart haben kann. Uebrigens wenn er sich auch wirklich eine so große Summe erspart haben sollte, so würde sie ihm doch nicht allein gehören, sondern nur beiden Ehegatten zusammen. Meiner Ansicht

nach gehört das Depot nur zur Hälfte zum Nachlasse des Anton Aumüller.

Vom Nachlasse des Anton Aumüller ist endlich die Schuld von 8000 Mk. in Abzug zu bringen, zu deren Sicherung die auf dem Hause Nr. 6 an der Amalienstraße ruhende Hypothek diente. Mit dieser Schuld hat es folgende Bewandtnis. Im Jahre 1902 mußten im Bäckereibetriebe des Anton Aumüller mehrere notwendige Ausbesserungen und Erneuerungen vorgenommen werden. Anton und Berta Aumüller nahmen zu diesem Zwecke bei der Vereinsbank Weingarten ein Darlehen von 8000 Mk. auf und Berta Aumüller bestellte zur Sicherung für das Darlehen auf ihrem Hause Nr. 6 an der Amalienstraße eine Hypothek ohne Brief. Das Darlehen war halbjährig kündbar. Die Vereinsbank Weingarten hatte das Darlehen am 1. April 1910 der Berta Aumüller gekündigt. Die Beklagten hatten von der Kündigung keine Kenntnis. Am 5. Oktober 1910 verlangte die Bank von den Beklagten die Rückzahlung des Darlehens. Die Beklagten leisteten einige Tage hernach Zahlung. Da das Darlehen ausschließlich zum Vorteile des Bäckereibetriebes des Anton Aumüller verwendet worden ist, kommt es auch nur bei dem Nachlasse des Anton Aumüller als Verbindlichkeit in Ansatz.

Daß Hedwig Erlenbach keinen Pflichtteil zu beanspruchen hat, ist nicht richtig. Das Heiratsgut braucht sie sich nicht anrechnen zu lassen. Denn Anton Aumüller hat, als sie sich im Jahre 1903 verheiratete, die Anrechnung des Heiratsguts auf den Pflichtteil oder auch nur auf den Erbteil nicht vorgeschrieben. Eine Ausgleichungspflicht der Hedwig Erlenbach kommt ohnehin nicht in Frage, da ja testamentarische Erbfolge eingetreten ist. Richtig ist, daß Joseph Erlenbach, der Mann der Hedwig Erlenbach, für Lieferungen in sein Geschäft an verschiedene Gläubiger 3000 Mk. schuldete und daß Aumüller für Joseph Erlenbach diese 3000 Mk. Geschäftsschulden bezahlte; diese 3000 Mk. waren aber keine Schulden der Hedwig Erlenbach, sondern ihres Mannes. Schulden der Hedwig Erlenbach hat Anton Aumüller nicht bezahlt.

Wenn das Testament der Berta Aumüller vom 15. April 1910 ungültig sein sollte, so wären die Beklagten bereit, der

Marie Imhof das Haus Nr. 7 an der Amalienstraße herauszugeben. Sie verweigern aber auch in diesem Falle die Herausgabe solange, bis Marie Imhof sich bereit erklärt, an dem der Christine Maier zu zahlenden Pflichtteile verhältnismäßig mitzutragen, und den entsprechenden Geldbetrag zahlt.

Sollte das Gericht zu der Auffassung kommen, daß die Beklagten die von Anton Aumüller angeordneten Vermächtnisse an Gerson und Huber soweit zu erfüllen haben, als der Nachlaß reicht, so stelle ich den Antrag,

„den Beklagten nachzulassen, die Zwangsvollstreckung in den Nachlaß des Anton Aumüller durch Zahlung des Wertes der noch vorhandenen Nachlaßgegenstände abzuwenden."

Rechtsanwalt Falk übergab schriftliche Fertigung dieses Antrags und fuhr sodann fort:

Meine Ausführungen über die auf dem Hause Nr. 6 an der Amalienstraße ruhende Hypothek von 8000 Mk. haben mich übrigens daran erinnert, daß die Beklagten die Erfüllung des der Marie Imhof zugewendeten Vermächtnisses auch aus dem Grunde verweigern können, weil Marie Imhof Eigentümerin des Hauses Nr. 6 an der Amalienstraße geworden und deshalb verpflichtet ist, den Beklagten die 8000 Mk. zu ersetzen, die diese dem Gläubiger, der Vereinsbank Weingarten, gezahlt haben. Bei dem Vermächtnis eines Grundstücks, das mit Hypotheken belastet ist, entspricht es dem Willen des Erblassers, daß der Vermächtnisnehmer die Hypothekschuld auch materiell zu tragen hat. Sollte das Gericht zu der Auffassung kommen, daß die Beklagten verpflichtet sind, die von ihnen vereinnahmten Mietzinse der Häuser Nr. 6 und 7 an der Amalienstraße der Marie Imhof ganz oder teilweise zu erstatten, so rechne ich hiermit gegen diese Forderung der Marie Imhof für die Beklagten mit deren Ersatzforderung gegen die Imhof auf die erwähnten 8000 Mk. auf.

Rechtsanwalt Wolf erwiderte sodann:

Die Kläger werden zugeben, daß Joseph und Hedwig Erlenbach in allgemeiner Gütergemeinschaft leben; die Geschäftsschulden des Joseph Erlenbach sind daher Gesamtgutsschulden auch seiner Frau. Die Kläger werden ferner nicht bestreiten,

daß, als Anton Aumüller die 3000 Mk. auf Bitten des Joseph Erlenbach zahlte, er zu ihm sagte, diese 3000 Mk. müsse sich seine Tochter einmal auf ihren Pflichtteil anrechnen lassen.

Rechtsanwalt Falk entgegnete:

Ich gebe das zu, betone aber ausdrücklich, daß Hedwig Erlenbach, wie sie mir selbst versichert, davon nichts gewußt hat, daß ihr Vater diese Äußerung zu ihrem Manne gemacht hat; sie hat von ihr erst anläßlich des gegenwärtigen Rechtsstreits erfahren.

Schließlich möchte ich noch, um den Rechten meiner Partei nichts zu vergeben, ausdrücklich beantragen, daß den Beklagten, wenn sie verurteilt werden sollten, die Beschränkung ihrer Haftung auf den Nachlaß im Urteile vorbehalten wird.

Rechtsanwalt Falk übergab schriftliche Fertigung des Antrags.

Rechtsanwalt Wolf erwiderte:

Ich habe gegen diesen Antrag an sich nichts zu erinnern, nur halte ich ihn gegenüber der Klage der Marie Imhof für unzulässig, soweit diese auf Herausgabe des Hauses Nr. 7 an drr Amalienstraße klagt. Bei einem Urteile, daß die Verpflichtung zur Herausgabe einer bestimmten Sache ausspricht, kann von der Beschränkung der Haftung des Erben auf den Nachlaß begriffsgemäß keine Rede sein. Soweit aber die Maria Imhof auf Zahlung von 4000 Mk. Mietzinsen klagt, handelt es sich überhaupt nicht um eine Nachlaßverbindlichkeit, sondern um eine eigene Verbindlichkeit der Beklagten.

Auf Befragen des Vorsitzenden erklärten die Anwälte, daß sie die tatsächlichen Behauptungen des Gegners, soweit sie nicht im Laufe der Verhandlungen ausdrücklich bestritten wurden, als richtig anerkennen und Anträge auf Beweisaufnahme nicht stellen wollen.

Der Vorsitzende schloß sodann die mündliche Verhandlung und verkündete Beschluß des Gerichts, daß zur Verkündung der Entscheidung Termin auf den 6. Dezember 1910 nachmittags 6 Uhr bestimmt ist.

Für die Aufgabe ist angenommen, daß das Grundbuch seit dem 1. Januar 1902 als angelegt anzusehen ist.

Die Prüflinge haben die auf Grund der vorstehend geschilderten mündlichen Verhandlung zu erlassende Entscheidung nach Maßgabe der Zivilprozeßordnung zu entwerfen. In den Entscheidungsgründen sind die sämtlichen in den Parteivorträgen geltend gemachten rechtlichen Gesichtspunkte zu würdigen.

Die Darstellung des Tatbestandes hat zu unterbleiben.

---

1. Aufgabe der zweiten Abteilung der schriftlichen Prüfung

mit vierstündiger Arbeitsfrist.

I. Unter welchen verfassungsrechtlichen Voraussetzungen sind im Deutschen Reich und im Königreiche Bayern Verfassungsänderungen möglich? Gelten diese Voraussetzungen auch für die Erledigung von Notgesetzen oder von Gesetzen mit zeitlich beschränkter Geltungsdauer? Wie werden die erforderlichen Stimmenmehrheiten berechnet?

II. Welche verfassungsrechtlichen Garantien bestehen nach der Reichsverfassung und nach der Verfassung des Königreichs Bayern gegen die Wiedereinbringung abgelehnter Gesetzesvorlagen?

Die gestellten Fragen sind an der Hand einfacher praktischer Beispiele, die auch frei erdacht sein dürfen, unter ausführlicher Begründung zu beantworten.

---

2. Aufgabe der zweiten Abteilung der schriftlichen Prüfung

mit vierstündiger Arbeitsfrist.

Wegen Rücktritts des bei den allgemeinen Wahlen im Jahre 1907 gewählten Abgeordneten ist die Neuwahl eines Landtagsabgeordneten im x. Wahlkreise des Regierungsbezirkes Oberbayern notwendig geworden. Durch das K. Staatsministerium des Innern mit der weiteren Einleitung beauftragt, hat die K. Regierung von Oberbayern, Kammer des Innern, mit Bekanntmachung vom 6. November 1910 als Tag der Wahl den 15. Januar 1911 bestimmt; der Beginn der Auslegung der Wählerlisten wurde auf 1. Dezember 1910 festgesetzt. Die Auslegung wurde in allen Gemeinden des Wahlkreises am 30. November 1910 öffentlich bekannt gemacht unter dem Hinweise, daß Einsprachen gegen die Listen bei Vermeidung des Ausschlusses binnen acht Tagen bei der Gemeindebehörde, welche die Bekanntmachung erlassen hat, anzubringen seien.

Am 11. Dezember 1910 legte der mittelbare Stadtmagistrat N dem vorgesetzten K. Bezirksamte T das Verzeichnis der Einsprachen gegen die Wählerliste vor, hinsichtlich deren er Abhilfe nicht verfügt hatte.

(Die Stadtgemeinde N bildet für sich allein einen einzigen Wahlbezirk.)

Im Verzeichnisse waren aufgeführt:

A. Einsprachen wegen Verweigerung der Aufnahme in die Wählerliste.

Die Aufnahme wurde abgelehnt:

a) Mangels des Nachweises des Besitzes der bayerischen Staatsangehörigkeit seit mindestens einem Jahre:
   1. Johann Schmidt,
   2. Karl Müller.

b) Mangels der Voraussetzungen nach Art. 3 Z. 3 des Landtagswahlgesetzes:
   1. Fritz Huber,
   2. Johann Geier,

3. Josef Hof,
4. Adam Proell,
5. Emil Bauer,
6. Anton Kern,
7. Artur Wolf.

c) Wegen des Ausschlußgrundes nach Art. 4 Z. 3 des Landtagswahlgesetzes.

1. Johann Maier,
2. Karl Grimm,
3. Franz Lindner,
4. Ernst Schreiber.

d) Mit Rücksicht auf Art. 6 Abs. II des Landtagswahlgesetzes:

Ernst Hein.

B. Einsprachen wegen Verweigerung des Streichens aus der Wählerliste:

1. August Kern,
2. Simon Baer.

Zu B legte der Stadtmagistrat N die zwei Schriftstücke vor, in denen die Streichung verlangt war; das eine derselben, eingelaufen beim Stadtmagistrate N am 7. Dezember 1910, beantragte die Streichung des August Kern, weil er Angehöriger der aktiven Armee sei; es war unterfertigt mit dem Stempel: „Wahlverein N"; das zweite, unterfertigt mit dem gleichen Stempel und der Unterschrift: „Ernst Maier, Vorsitzender" langte am 10. Dezember 1910 beim Stadtmagistrate N ein und beantragte „im Nachgange zur Reklamation vom 7. Dezember 1910 die Streichung des Reisenden Simon Baer aus der Wählerliste, weil dessen Einsprache verspätet angebracht wurde."

Der Stadtmagistrat fügte bei, der „Wahlverein N" habe sich um die Mitte November 1910 gebildet; er sei hervorgegangen aus einer öffentlichen, von einer der am Wahlkampfe beteiligten Parteien veranstalteten Wählerversammlung, in der eine Anzahl von Personen zur Betreibung der Geschäfte für die bevorstehende Wahl durch Zuruf bestimmt wurde; diese Personen, denen das Recht der Beiwahl anderer eingeräumt

worden sei, bildeten mit den von ihnen zugewählten den „Wahlverein N“. An der öffentlichen Versammlung hätten zahlreiche Nichtwahlberechtigte, namentlich Frauen und Minderjährige teilgenommen; auch der Wahlverein selbst bestehe nicht nur aus Wahlberechtigten; Ernst Maier sei sogar österreichischer Staatsangehöriger. Ob der Verein eine Satzung habe, sei unbekannt. Der Stadtmagistrat bitte um Weisung, wie er sich dem Vereine gegenüber zu verhalten habe, insbesondere ob er ihn zur Einreichung seiner Satzung und des Verzeichnisses der Vorstandsmitglieder auffordern solle.

Die Erhebungen über die Einsprachen ergaben folgendes:

A.

a) 1. Johann Schmidt ist geboren am 12. Januar 1886 in München als Sohn der damals mit einem Bürger der Vereinigten Staaten von Nord-Amerika, John Grant, verehelichten, jedoch von diesem seit zwei Jahren getrennt lebenden Marie Neubauer, die sich in München als unverehelicht gemeldet hatte; als Vater des Kindes bekannte sich der ledige bayerische Staatsangehörige Karl Schmidt. Mit Urteil vom 9. März 1889 wurde die Ehe der Marie Neubauer mit John Grant wegen Ehebruchs der ersteren mit Karl Schmidt getrennt; Grant ist seitdem verschollen. Marie Neubauer erwarb mit Naturalisationsurkunde vom 21. Mai 1898 die bayerische Staatsangehörigkeit, konnte aber die angestrebte Dispensation für die Ehe mit Karl Schmidt nicht erreichen, worauf beide am 5. Dezember 1906 in London sich miteinander verehelichten woselbst sie ihren dauernden Aufenthalt nahmen.

2. Karl Müller, durch Geburt württembergischer Staatsangehöriger, wurde mit Entschließung des K. Staatsministeriums der Justiz vom 31. August 1898, ergangen an die K. Verwaltung der Gefangenenanstalt N, mit Wirkung vom 1. Oktober 1898 ab als Sicherheitsaufseher an der Gefangenanstalt N angestellt; die Entschließung wurde an Karl Müller durch den Direktor der Anstalt mündlich bekanntgegeben. Karl Müller legte eine Bestätigung der Gefängnisverwaltung N vom 6. Dezember 1910 vor, daß er in unwiderruflichem

Dienstverhältnisse nach Artikel 6 Absatz III des Beamtengesetzes stehe.

b) 1. Fritz Huber war als Taglöhner vom 1. Oktober 1909 an mit Einkommensteuer veranlagt und entrichtete im April 1910 die Steuer bis 1. Juli 1910. Bei Einhebung der Steuer für das zweite Halbjahr 1910 im Oktober 1910 wies Huber nach, daß er seit 28. Juni 1910 kein steuerbares Einkommen mehr habe, worauf die Steuer mit Wirkung vom 1. Juli 1910 abgeschrieben wurde. Fritz Huber hat jedoch am 5. Dezember 1910 die ursprünglich veranlagte Steuer auch für das zweite Halbjahr 1910 bezahlt; das Rentamt nahm den Betrag an. Seit 1. November 1910 bezieht Huber Invalidenrente.

2. Johann Geier war bis 1. April 1910 als etatsmäßiger Staatsbeamter seit mehreren Jahren in A angestellt und entrichtete dortselbst regelmäßig Einkommensteuer; vom 1. April 1910 ab wurde er in gleicher Eigenschaft nach N versetzt; das K. Rentamt A schrieb Johann Geier in seinen Listen wegen Wegzugs ab, unterließ jedoch die Ueberweisung des Geier als steuerpflichtig nach N, woselbst im Oktober 1910 öffentliche Aufforderung zur Steuerentrichtung erging; Geier kam dieser Aufforderung nicht nach, meldete sich jedoch am 12. Dezember 1910 in N zur Einkommensteuer an und zahlte gleichzeitig den seit 1. April 1910 verfallenen Steuerbetrag nach.

3. Joseph Hof bezieht ein jährliches Arbeitseinkommen von 600 Mk. ohne weitere Einkünfte und war seit 1. Oktober 1906 hieraus zur Einkommensteuer veranlagt, die er auch bis 1. Oktober 1910 entrichtete. Unter dem Nachweise, daß sein Einkommen nunmehr 500 Mk. betrage, beantragte er am 12. September 1910 Steuerbefreiung nach Artikel 15 des Einkommensteuergesetzes, die ihm vom 1. Oktober 1910 ab gewährt wurde. Am 12. Dezember 1910 erklärte Joseph Hof vor dem Rentamte, er verzichte auf die Steuerbefreiung, und bezahlte gleichzeitig den auf das vierte Quartal 1910 treffenden Steuerbetrag.

4. Adam Proell ist seit Juni 1909 ständig als Taglöhner bei wechselnden Arbeitgebern beschäftigt; zur Einkommen-

steuer meldete er sich am 15. November 1910 an, worauf er mit Wirkung vom 1. Juli 1909 ab zur Steuer veranlagt wurde; er bezahlte sofort am 15. November 1910 den ganzen seit 1. Juli 1909 verfallenen Betrag.

5. Emil Bauer betreibt seit 1895 in N eine einer Brauerei gehörige reale Schankwirtschaft als Pächter; die Steuer, die er bis 1. Januar 1910 regelmäßig entrichtete, konnte für das erste Halbjahr 1910 von ihm nicht beigetrieben werden, worauf sie die Brauerei gemäß Artikel 18 Absatz I Satz 2 des Gewerbesteuergesetzes bezahlte; den hiefür verausgabten Betrag hat die Brauerei durch einen Zuschlag auf das an Emil Bauer gelieferte Bier wieder ersetzt erhalten; die Steuer für das zweite Halbjahr 1910 hat Bauer entrichtet.

6. Anton Kern ist seit 1. Januar 1907 mit Einkommensteuer veranlagt, die jedoch stets uneinbringlich blieb; auch für das Jahr 1910 blieb der Versuch der Zwangsbeitreibung erfolglos, worauf seine Steuerschuld für 1910 als uneinbringlich abgeschrieben wurde; am 12. Dezember 1910 hat jedoch Anton Kern den auf das Jahr 1910 treffenden Steuerbetrag einbezahlt.

7. Artur Wolf, der sonstiges Einkommen nicht besitzt, ist seit 1. Mai 1905 Teilhaber einer Gesellschaft mit beschränkter Haftung, deren Sitz sich in Koburg befindet; in Bayern besitzt diese Gesellschaft nur in einer oberfränkischen Gemeinde ein Grundstück, für das sie seit 1906 die Grundsteuer regelmäßig bezahlt.

c) 1. Die Ehefrau des in N beheimateten Johann Maier wurde am 16. März 1910 entbunden; das neugeborene Kind starb am 18. März 1910. Die Gebühren der zur Entbindung zugezogenen Hebamme wie auch die Kosten der Beerdigung des Kindes mußte die Armenpflege N übernehmen. Ersatz wurde nicht geleistet.

2. Karl Grimm ist in wirtschaftliche Schwierigkeiten geraten, die ihn veranlaßten, seine Ehefrau und die Kinder zu seinen in Oesterreich lebenden Schwiegereltern zu schicken; dort werden sie seit 1. April 1910 von der öffentlichen Armenpflege unterstützt. Die österreichischen Behörden haben die Uebernahme der Ehefrau und der Kinder nach Bayern bean-

tragt. Die Heimatgemeinde der Familie Grimm weigert sich, Vorkehrungen für die Unterbringung der Angehörigen der Familie zu treffen, weil Karl Grimm, wie auch festgestellt wurde, arbeitsfähig sei und den notdürftigen Unterhalt für seine Familie beschaffen könne.

3. Franz Lindner, der seit 1. Januar 1906 alljährli einen Wandergewerbeschein unter Entrichtung der Steuer vom Gewerbebetrieb im Umherziehen löst, wird seit 1. Januar 1906 dauernd von seiner Heimatgemeinde B unterstützt. Der Wahlverein N hat nach Mitteilung des Armenpflegschaftsrates B die seit 1. Januar 1910 aufgewendeten Unterstützungen ersetzt und unter Hinterlegung einer Haftsumme von 100 Mk. sich verpflichtet, für den Unterhalt des Franz Lindner bis 1. Februar 1911 aufzukommen.

4. Ernst Schreiber hat infolge Uebernahme der Bürgschaft für einen Verwandten sein Vermögen bis auf ein in der Gemeinde N gelegenes besteuertes Grundstück verloren; da er bei einem Unfalle das linke Bein eingebüßt hatte, gelang es ihm nicht, Verdienst zu erlangen, so daß er vom 1. Februar 1910 ab von seiner Heimatgemeinde eine monatliche Armenunterstützung von 30 Mk. erhielt; seine Tochter steuerte außerdem 10 Mk. monatlich zu seinem Unterhalte bei. Vom 1. Oktober 1910 ab wurde er von einem Rechtsanwalt in N als Schreiber angestellt; er ersetzt von seinem Gehalte seitdem monatlich 10 Mk. der Armenpflege und verwendet zu dem gleichen Zwecke den von seiner Tochter fortgewährten monatlichen Unterhaltsbeitrag von 10 Mk.

d) Ernst Hein ist etatsmäßiger unwiderruflicher Staatsbeamter; vom 16. Dezember 1910 ab ist er von N nach B, außerhalb des Wahlkreises der Nachwahl gelegen, versetzt worden; nach Bestätigung der Ortspolizeibehörde N ist die von ihm dort innegehabte Wohnung ab 1. Januar 1911 weitervermietet; die Ortspolizeibehörde B bestätigt, daß Ernst Hein in B vom 16. Dezember 1910 ab eine Wohnung gemietet hat.

B.

1. August Kern war früher Oberleutnant im 3. bayerischen Infanterieregiment und wurde am 1. März 1906 zu

den Offizieren der Reserve versetzt. Bei seiner am 5. Mai 1906 erfolgten Verehelichung leistete er den Verfassungseid. Mit Dekret vom 2. Dezember 1910 wurde er zum Hilfsoffizier bei der Gendarmerieabteilung der Pfalz ernannt, jedoch am 3. Dezember 1910 vom Gendarmerie-Korpskommando bis 1. Februar 1911 beurlaubt. August Kern wohnt zur Zeit in N.

2. Simon Baer ist Geschäftsreisender und hielt sich zur Zeit der Aufstellung der Wählerliste, wie auch während deren Auflegung außerhalb seines regelmäßigen Wohnortes N auf. Am 7. Dezember 1910 beantragte er zu Protokoll des Bürgermeisters von D seine Aufnahme in die Landtagswählerliste von N. Das Protokoll wurde sofort abgeschickt und langte am 8. Dezember 1910 bei der Postanstalt N ein; konnte aber an diesem Tage nicht mehr dem Magistrate N zugestellt werden, weil dessen Geschäftsräume wegen des katholischen Feiertags, der in der ungemischt katholischen Stadt N beobachtet wird, geschlossen waren; es lief am 9. Dezember 1910 beim Stadtmagistrate N ein.

Aufgabe.

Es ist die Verfügung des K. Bezirksamts T zu entwerfen; die einzelnen Entscheidungen sind zu begründen. Die nicht durch die Einsprachen bezweifelten Voraussetzungen der Wahlfähigkeit sind als nachgewiesen anzunehmen.

---

3. Aufgabe der zweiten Abteilung der schriftlichen Prüfung

mit vierstündiger Arbeitsfrist.

Die im Regierungsbezirke Unterfranken und Aschaffenburg gelegene Landgemeinde H ist am 1. Januar 1877 mit der gleichfalls unterfränkischen unmittelbaren Stadtgemeinde A vereinigt worden. Für die Angehörigen der katholischen Pfarrei St. Ludwig, deren Bezirk sich mit dem Umfange der früheren

Gemeinde H deckt, stand nur die alte, kleine Pfarrkirche zur Verfügung, die dem Bedürfnisse infolge der raschen Bevölkerungszunahme nicht mehr genügte.

Der kirchliche Notstand führte im Jahre 1892 zur Gründung des katholischen Kirchenbauvereins St. Ludwig (a. V.), mit dem satzungsmäßigen Zwecke der Sammlung von Beiträgen zur Erbauung einer neuen römisch-katholischen Pfarrkirche. Am 1. April 1901 beschloß jedoch der Kirchenbauverein St. Ludwig, der mit dem Inkrafttreten des BGB. die Eigenschaft eines eingetragenen Vereins erlangt hatte, den Pfarrkirchenneubau selbst auszuführen und die fertig gestellte Kirche der Pfarrkirchenstiftung St. Ludwig kosten- und lastenfrei zur Verfügung zu stellen. Nachdem die Pläne in ästhetischer Hinsicht und baupolizeilich genehmigt worden waren, wurde mit dem Bau begonnen.

Dem Kirchenbauverein St. Ludwig standen außer dem Bauplatze für die neue Pfarrkirche noch mehrere ihm zur Deckung der Baukosten geschenkte Baugründe und Barmittel über 100 000 Mk. zur Verfügung. Die im Kostenvoranschlag vorgesehene Bausumme erwies sich als nicht ausreichend und die Baugrundstücke konnten wegen einer auf dem Terrainmarkte eingetretenen Krisis nicht veräußert werden. Die Aufnahme eines Darlehens durch den Kirchenbauverein St. Ludwig ließ sich nicht bewerkstelligen.

Um eine Stockung des Kirchenbaues hintanzuhalten, wandte sich der Kirchenbauverein St. Ludwig an die Kirchenverwaltung und Kirchengemeinderepräsentation St. Ludwig mit dem Ersuchen eine Bauschuld von 700 000 Mk. zu Lasten der katholischen Kirchengemeinde St. Ludwig aufzunehmen. Dem Gesuche lag ein Vereinsbeschluß vom 1. Juli 1902 bei, mit dem die ordentlichen und außerordentlichen Mitgliederbeiträge und der etwaige Erlös aus den Baugrundstücken des Vereins der katholischen Kirchengemeinde St. Ludwig zur Tilgung und Verzinsung des Schuldkapitals zur Verfügung gestellt wurden. Die Kirchenverwaltung und Kirchengemeinderepräsentation St. Ludwig, denen der Beschluß des Kirchenbauvereins St. Ludwig vom 1. April 1901 bereits bekannt war, beschlossen am 9. August 1902, ein Schuldkapital von 700 000 Mk. zu Lasten

der katholischen Kirchengemeinde St. Ludwig aufzunehmen und durch verfügbare Mittel der Kirchenstiftung St. Ludwig, durch die zugesicherten Zuschüsse des Kirchenbauvereins St. Ludwig und, soweit diese Mittel nicht ausreichen würden, durch Kirchengemeideumlagen zu verzinsen und zu tilgen. Die Beschlüsse, an denen sämtliche Mitglieder der Kirchenverwaltung und Kirchengemeinderepräsentation St. Ludwig mitgewirkt hatten, wurden einstimmig gefaßt und von der K. Regierung von Unterfranken und Aschaffenburg, Kammer des Innern, im Einvernehmen mit dem Bischöflichen Ordinariate Würzburg mit Entschließung vom 5. September 1902 genehmigt.

Die Erhebung der in der Folge zur Verzinsung und Tilgung des Schuldkapitals zu 700 000 Mk. notwendig gewordenen Kirchengemeindeumlagen wurde von der Kirchenverwaltung und Kirchengemeinderepräsentation St. Ludwig jeweils ordnungsgemäß beschlossen und von der K. Regierung, Kammer des Innern, von Unterfranken und Aschaffenburg im Benehmen mit der kirchlichen Oberbehörde genehmigt.

Die Kirchenverwaltung St. Ludwig bestand vor der Einverleibung der Landgemeinde H in die unmittelbare Stadtgemeinde A aus dem Pfarrer als Vorstand, einem Abgeordneten der Gemeinde H und drei gewählten Mitgliedern, für die zwei Ersatzmänner bestellt waren. In dieser Zusammensetzung trat mit der Eingemeindung eine Aenderung nur insofern ein, als der bisherige Abgeordnete der Gemeinde H durch einen Abgeordneten der Stadtgemeinde A ersetzt wurde. Auch bei der Erneuerung der ordentlichen Kirchenverwaltungswahlen in den Jahren 1881, 1887, 1893, 1899 und 1905, die stets unangefochten blieben, wurde von keiner Seite, insbesondere auch nicht von der Kirchenverwaltung St. Ludwig, eine Aenderung der Zusammensetzung angeregt. In die Kirchengemeinderepräsentation St. Ludwig, die erstmals im Jahre 1902 gebildet wurde, wurden 15 Mitglieder gewählt. Als im Jahre 1908 die Kirchengemeinderepräsentation neuerlich zu bestellen war, beantragte die Kirchenverwaltung St. Ludwig, es möchte gleichzeitig für den Rest der Wahlperiode 1906/11 die Kirchenverwaltung durch Wahl von drei weiteren Mitgliedern und eines weiteren Ersatzmannes ergänzt werden.

Dem Antrage wurde von der K. Regierung, Kammer des Innern, von Unterfranken und Aschaffenburg stattgegeben.

Seit dem 29. Januar 1909 besteht die Kirchenverwaltung St. Ludwig aus dem Pfarrer als Vorstand, einem Abgeordneten der Stadtgemeinde A und sechs gewählten Kirchenverwaltungsmitgliedern, für die drei Ersatzmänner bestellt sind, die Kirchengemeinderepräsentation zählt dreißig Mitglieder. Die Mehrheit der derzeitigen Kirchenverwaltung und die sämtlichen Mitglieder der Kirchengemeinderepräsentation sind Gegner der von der früheren Kirchenverwaltung und Kirchengemeinderepräsentation im Jahre 1902 beschlossenen Schuldaufnahme und der Erhebung von Kirchengemeindeumlagen.

Am 15. März 1910 hat die Kirchenverwaltung St. Ludwig mit Mehrheitsbeschluß, die Kirchengemeinderepräsentation einstimmig die Erhebung einer 10%igen Kirchengemeindeumlage zur Verzinsung und Tilgung der Kirchenbauschuld für 1910 abgelehnt, obwohl der Notwendigkeit einer Umlage von solcher Höhe von keiner Seite widersprochen werden konnte. Die K. Regierung, Kammer des Innern, von Unterfranken und Aschaffenburg hat mit Entschließung vom 20. April 1910 im Benehmen mit dem Bischöflichen Ordinariate Würzburg die Erhebung einer 10%igen Kirchengemeindeumlage für 1910 in der Kirchengemeinde St. Ludwig angeordnet. Die Regierungsentschließung wurde dem Kirchenverwaltungsvorstande am 15. Mai 1910 unter Belehrung über Beschwerderecht und Beschwerdefrist eröffnet. Der Kirchenverwaltungsvorstand, der mit der Entscheidung der Regierung einverstanden war, unterließ es, die Kirchenverwaltung von der Regierungsentschließung zu verständigen, die Beschwerdefrist lief ab, ohne daß innerhalb derselben die Entschließung mit Beschwerde der Kirchenverwaltung angefochten worden wäre.

Als die Kirchenverwaltung St. Ludwig von diesen Vorgängen unterrichtet wurde, traf sie gegen die Stimme des Kirchenverwaltungsmitglieds Georg Huber die erforderlichen Einleitungen zur Erhebung der „oktroyierten" 10%igen Kirchengemeindeumlage für 1910; gleichzeitig beschloß sie mit Mehrheit, gegen das Verfahren des Kirchenverwaltungsvorstandes bei der K. Regierung, Kammer des Innern, von Unterfranken und

Aschaffenburg Beschwerde zu führen, damit eine Beeinträchtigung der Rechte der Kirchenverwaltung künftig hintangehalten werde. Die Umlage wurde eingehoben. Das Kirchenverwaltungsmitglied Georg Huber verweigerte die Umlagenzahlung und begründete mit Schreiben vom 15. September 1910 an die Kirchenverwaltung St. Ludwig seine Zahlungsweigerung folgendermaßen:

„Der Kirchenbauverein H habe den Kirchenbau begonnen, obwohl er nicht im Besitze der erforderlichen Baumittel gewesen sei. Nach § 39 der K. Allerhöchsten Verordnung vom 13. November 1857, die Reorganisation des öffentlichen Bauwesens betreffend (Reg.Bl. S. 1638), dürfe kein Gemeinde- und Stiftungsbau genehmigt werden, wenn nicht vorher die Mittel zur Bestreitung des Bauaufwands nachgewiesen seien. Auch sei eine Revision des Kostenvoranschlags unterblieben, die sofort ergeben hätte, daß die im Kostenvoranschlage vorgesehene Bausumme zur Vollendung des Kirchenbaues nicht ausreichen würde. Unter diesen Umständen hätte die Allerhöchste Genehmigung der Kirchenbaupläne in ästhetischer Beziehung und die baupolizeiliche Bewilligung nicht erteilt werden dürfen.

Zudem entbehrten die Beschlüsse der Kirchenverwaltung und der Kirchengemeinderepräsentation St. Ludwig vom 9. August 1902 der Gültigkeit, weil diese Vertretungskörper zur Zeit der Beschlußfassung nicht vorschriftsgemäß zusammengesetzt gewesen seien. Die K. Regierung, Kammer des Innern, von Unterfranken und Aschaffenburg hätte deshalb schon aus diesem Grunde die Schuldaufnahme nicht genehmigen dürfen; sie hätte übrigens die Genehmigung der Schuldaufnahme auch bei Annahme der Rechtsgültigkeit der Beschlüsse vom 9. August 1902 ablehnen sollen, weil zur Zeit der Beschlußfassung und der Verbescheidung der Beschlüsse der Kirchenbauplatz und damit das auf demselben zu errichtende Kirchengebäude weder im Eigentum der Kirchenstiftung noch in jenem der Kirchengemeinde St. Ludwig gestanden sei. Eigentümer sei derzeit noch der Kirchenbauverein H.

Die Grundlosigkeit der Umlagenforderung, die er in ihrer Höhe von 12 Mk. nicht beanstanden könne, ergebe sich

weiter daraus, daß gegenüber den ablehnenden Beschlüssen der Kirchenverwaltung und Kirchengemeinderepräsentation St. Ludwig vom 15. März 1910 die K. Regierung, Kammer des Innern, von Unterfranken und Aschaffenburg nicht befugt gewesen sei, die Erhebung einer 10%igen Kirchengemeindeumlage in der Kirchengemeinde St. Ludwig anzuordnen.

Schließlich müsse er auch deshalb die Umlagenzahlung ablehnen, weil die Kirchenverwaltung St. Ludwig, wenn sie von dem Regierungsbescheide vom 20. April 1910 rechtzeitig unterrichtet worden wäre, innerhalb der Beschwerdefrist die Entscheidung der höheren Instanz voraussichtlich mit Erfolg angerufen hätte".

Die Kirchenverwaltung St. Ludwig hat den Streitfall der zuständigen Instanz zur Entscheidung mit dem Beifügen unterbreitet, daß sie gegen das tatsächliche Vorbringen des Kirchenverwaltungsmitglieds Georg Huber nichts erinnern könne und gegen den Regierungsbescheid vom 20. April 1910, wenn sie von demselben rechtzeitig verständigt worden wäre, innerhalb der Beschwerdefrist zur höheren Instanz sich beschwert hätte.

Aufgabe.

Es ist unter Würdigung der Zuständigkeitsfrage der Bescheid der zur Entscheidung des Streitfalls berufenen ersten Instanz zu entwerfen, in dem die sämtlichen Einwendungen des Kirchenverwaltungsmitglieds Georg Huber gegen die in Anspruch genommene Kirchengemeindeumlagenpflicht zu erörtern sind und eine Belehrung über Beschwerderecht und Beschwerdefrist zu erteilen ist. In dem Bescheide sind die Vorschriften, auf welche sich die Ausführungen gründen, anzuführen. Die Wiedergabe des Tatbestands ist erlassen.

4. Aufgabe der zweiten Abteilung der schriftlichen Prüfung

mit vierstündiger Arbeitsfrist.

Der evangelische Kirchenbauverein Neuhofen e. V. hat satzungsgemäß den Zweck, die Mittel für Bildung einer eigenen protestantischen Pfarrei für die Fabrikvorstadt Neuhofen der rechtsrheinischen unmittelbaren Stadt R — insbesondere für Erbauung einer Kirche und eines Pfarrhauses und für Errichtung einer Kirchen- und einer Pfarreistiftung — aufzubringen. Die ca. 20000 Protestanten zählende Vorstadt Neuhofen gehört bisher zur protestantischen Pfarrei St. Martin in R. Vor einigen Jahren hat der Verein bereits die Johanniskirche in Neuhofen erbaut; in dieser wird bisher schon durch den Pfarrer von St. Martin und seine Hilfsgeistlichen regelmäßig Sonntagsgottesdienst für die Protestanten von Neuhofen gehalten. Aus Vereinsbeiträgen, freiwilligen Staatsbeiträgen, Schenkungen und Vermächtnissen, dem Ertrag mehrerer Kirchenkollekten und sonstigen Einnahmen hat der Kirchenbauverein die ursprünglich 350000 Mk. betragende Bauschuld bis zum 1. Oktober l. Js. schon bis auf 60000 Mk. getilgt. Außerdem besitzt der Verein schuldenfrei einen wertvollen Bauplatz nächst der Kirche. Im Jahr 1907 ist zur Vorbereitung der Pfarreierrichtung eine eigene Filialkirchengemeinde Neuhofen gebildet worden; eine 10 %ige Kirchengemeindeumlage wurde in den Jahren 1908 und 1909 nach Deckung der laufenden Ausgaben für die Gottesdienste zur Verzinsung und Tilgung der Kirchenbauschuld mitverwendet.

Im Frühjahr 1910 schenkte ein Wohltäter dem Kirchenbauverein 10000 Mk. zur Minderung der Kirchenbauschuld und 10000 Mk. zur Erwerbung eines Pfarrhauses mit dem Beifügen, er erwarte, daß die Pfarrei Neuhofen noch im Jahre 1910 errichtet werde. Die Schenkungssteuer nach dem Erbschaftssteuergesetz entrichtete der Wohltäter selbst.

Am 1. Oktober 1910 traf der Vereinsvorstand mit dem Vereinsmitglied Baumeister Müller schriftlich eine Vereinbarung, wonach sich Müller verpflichtete, sein neben der Johanniskirche

gelegenes Anwesen Hs. Nr. 2 am Kirchplatz um 75000 Mk. als Pfarrhaus an die vom Verein zu errichtende Kirchenstiftung abzutreten, dagegen im Tauschweg den Bauplatz des Vereins um 40000 Mk. zu übernehmen; 10000 Mk. habe der Verein bei Verlautbarung des Tauschvertrags aus der erwähnten Schenkung bar anzuzahlen; die Restschuld zu 25000 Mk. habe die neue Kirchenstiftung zu übernehmen.

Noch am gleichen Tage stellte der Vereinsvorstand beschlußmäßig den Antrag auf Genehmigung einer Kirchenstiftung und einer Pfründestiftung Neuhofen, auf Erhebung der Filialkirchengemeinde Neuhofen zur Pfarrgemeinde und auf Errichtung und Besetzung der Pfarrei. Der Kirchenstiftung wurde vom Verein im Stiftungsgeschäft als Dotation zugesichert die Johanniskirche nebst Inventar als Pfarrkirche und das Müllersche Anwesen Hs.-Nr. 2 am Kirchplatz als Pfarrhaus gegen Übernahme der Kirchenbauschuld von 60000 Mk. und der Pfarrhausrestschuld von 25000 Mk. auf die Kirchenstiftung. Da der Verein sich mit Errichtung der Stiftung seines ganzen Vermögens entäußere, habe die Stiftung selbst die auf die Besitzveränderung erwachsenden Kosten und insbesondere auch die Stiftungssteuer nach dem Erbschaftssteuergesetz zu tragen, falls eine solche zu entrichten sei. Die Pfarrei solle dotiert werden mit dem Recht auf freie Wohnung im 1. Stock des Pfarrhauses Hs.-Nr. 2 am Kirchplatz im Anschlag von 1000 Mk. und mit dem Anspruch auf 3000 Mk. Fixum aus einer besonderen von der Kirchenverwaltung durch den Kirchenpfleger zu verwaltenden Stolgebührenkasse. Für Taufen, Trauungen und Beerdigungen sollten zur Stolgebührenkasse durch den Kirchenpfleger die bisher für die Pfarrei St. Martin festgesetzten Gebühren erhoben werden; die bisher üblichen Beichtgelder, Konfirmations- und Krankenkommuniongebühren sollten aufgehoben werden. Für Deckung eines etwaigen Minderanfalls an Stolgebühren gegenüber dem garantierten Fixum habe die Kirchenstiftung — subsidiär die Kirchengemeinde zu haften; ein etwaiger Mehranfall — (nach der beigebrachten Durchschnittsberechnung ist auf einen Jahresanfall von 3800 Mk. zu rechnen) — sei von der Stolgebührenkasse zur Dotierung einer 2. Pfarrstelle vorerst zu admassieren. Die Friedhofverhältnisse der Kirchen-

gemeinde Neuhofen sollten durch die Pfarreierrichtung nicht geändert werden; Neuhofen bleibe in Friedhofgemeinschaft mit St. Martin.

Die Mitgliederversammlung des Kirchenbauvereins trat dieser Erklärung des Vorstandes einstimmig bei, ebenso die Kirchenverwaltungen und Kirchenvorstände St. Martin und Neuhofen, die Kirchengemeinderepräsentation Neuhofen und das Pfarramt St. Martin. Der Pfarrer und der Mesner von St. Martin verzichteten ausdrücklich auf den Bezug von Stolgebühren aus Neuhofen. Die Kirchenverwaltung und Kirchengemeinderepräsentation Neuhofen übernahmen beschlußmäßig auf die neue Kirchenstiftung — subsidiär auf die Kirchengemeinde — die Kirchen- und Pfarrhausbaupflicht, die Kirchenbau- und Pfarrhausrestschulden, die Deckung eines Minderanfalls an Stolgebühren und die Kosten der Besitzveränderung mit Ausnahme der Stiftungssteuer; eine solche könne bei Errichtung der Kirchen- und Pfründestiftung nicht in Frage kommen; soweit die Einkünfte der Kirchenstiftung nicht zureichten, sollten Kirchengemeindeumlagen erhoben werden. Die Kirchenverwaltung St. Martin fügte ihrer Zustimmungserklärung zu den Anträgen des Kirchenbauvereins bei: der Kirchengemeinde Neuhofen werde die fernere Mitbenützung des der Kirchenstiftung St. Martin gehörigen Friedhofs nur in stets widerruflicher Weise und solange ein Platzmangel nicht eintrete gestattet. Die nochmals vernommene Kirchenverwaltung Neuhofen beharrte indessen darauf, daß der Kirchengemeinde Neuhofen bis zu einer vorerst nicht beabsichtigten Aenderung des Friedhofsverbands ein Rechtsanspruch auf Mitbenützung des Friedhofs zustehe; der Friedhof sei erst vor einigen Jahren aus Umlagemitteln unter Konkurrenz der Parochianen von Neuhofen bedeutend erweitert worden.

Der instruierende Stadtmagistrat R legte die Verhandlungen der Kreisregierung vor mit dem Bemerken: Die Pfarreierrichtung sei dringendes Bedürfnis; zweckmäßig sei auch, daß von vornherein die Errichtung einer 2. Pfarrstelle vorbereitet werde. Gegen die alsbaldige Errichtung der Pfarrei nach Maßgabe der Anträge des Kirchenbauvereins bestünden aber doch wohl Bedenken. Die Kirchenbau- und Pfarrhausschulden

könnten durch die Kirchenverwaltung zurzeit noch nicht rechtsgültig auf die Kirchenstiftung übernommen werden; diese Stiftung bestehe noch nicht, die Kirchenverwaltung sei also auch noch nicht zu ihrer Vertretung berufen. Ebensowenig könne der Kirchenbauverein oder die Kirchenverwaltung jetzt schon dem Pfarrer rechtswirksam eine Wohnung im Pfarrhaus zusichern; hiezu sei eine notarielle Verpflichtungserklärung der Kirchenverwaltung nach Entstehung der Kirchenstiftung nötig; die Wohnung könne in der Fassion auch nicht mit 1000 Mk. angeschlagen werden. Es fehle eine rechtsverbindliche Erklärung über Tragung der Stiftungssteuer. Der Kirchenbauverein könne über die künftige Stolgebührenordnung nicht bestimmen. Die Stolgebührenkasse sei doch wohl keine selbständige Stiftung, könne also wohl auch mit einem Reichnisse zum Pfarreinkommen rechtswirksam nicht belastet werden. Irgend welches Grund- oder Kapitalvermögen für die Pfründestiftung sei nicht zugesichert; es fehle also an der Grundlage für Genehmigung einer Pfründestiftung; ohne Pfründestiftung könne aber eine Pfarrei nicht errichtet werden. Vor der Pfarreierrichtung sei auch Einigung über den Rechtsanspruch der Kirchengemeinde Neuhofen auf Weiterbenützung des Sankt Martin-Friedhofes nötig.

Die Kreisregierung hielt die Bedenken des Stadtmagistrats für bedeutungslos; sie erteilte den Beschlüssen der Kirchenverwaltung und Kirchengemeinderepräsentation Neuhofen soweit erforderlich die Kuratelgenehmigung und befürwortete die alsbaldige Pfarreierrichtung nach Maßgabe der Anträge des Kirchenbauvereins. Letzteres taten auch die kirchlichen Behörden — Dekanat, Konsistorium und Oberkonsistorium.

Kann die Pfarreierrichtung nach Maßgabe der Anträge des Kirchenbauvereins erfolgen, allenfalls unter welchen Modalitäten? Die Bedenken sind zu würdigen. Welche organisatorischen und sonstigen Genehmigungen und welche Entscheidungen kommen in Frage und wer ist für diese zuständig? Wäre die Verpflichtung zur Zahlung der Stiftungssteuer anders zu beurteilen, wenn die Filialkirchengemeinde Neuhofen

die Kirche erbaut hätte und nun mit der zum Kirchengemeindevermögen gehörigen Kirche eine Kirchenstiftung errichten würde?

---

5. Aufgabe der zweiten Abteilung der schriftlichen Prüfung

mit vierstündiger Arbeitsfrist.

(Mit einer Planbeilage).

In den bayerischen Voralpen liegt in einer Höhe von 800 m ü. d. M. der Obersee, in einer Entfernung von 1 km, durch den Rutschberg getrennt, der Untersee (600 m ü. d. M.). Die günstige Lage der beiden, im Privateigentume des Staates stehenden Seen ermöglicht die Gewinnung bedeutender Wasserkräfte, wenn dem Obersee, der nur geringe eigene Zuflußmengen besitzt, aus der benachbarten Reißach, einem öffentlichen Fluß, mittels eines Stollens ständig Wasser zugeführt wird. Zur Überleitung der Reißach in den Obersee muß in der Reißach ein Wehr errichtet werden. Ferner muß der natürliche Ablauf des Obersees, die Achen (Staatsprivatfluß), durch ein Wehr zeitweise abgesperrt werden. Durch dieses Wehr soll der Wasserspiegel des Obersees stets auf einer bestimmten Höhe gehalten werden, wie sie für den Betrieb des Kraftwerks besonders vorteilhaft ist. Für die Ableitung des Triebwassers aus dem Obersee wird bei Seespitz ein Einlaufwerk errichtet und im Anschlusse daran ein Stollen durch den Rutschberg geführt. Der Stollen mündet in ein künstlich angelegtes Becken, das Wasserschloß, aus, von dem das Wasser durch Druckrohre zum Krafthaus am Untersee hinabgeführt wird. Dort wird die Wasserkraft in elektrischen Strom umgesetzt. Die verbrauchten Wassermengen fließen durch den Untersee in die Leimach und in den Moosbach, zwei Staatsprivatflüsse, ab. Der Reißach werden bei Mittelwasser 30 % der Wasserführung, bei Niederwasser die gesamten Wassermengen entzogen; die der Reißach unterhalb des Wehres zufließenden Bäche und Quell-

Beilage zur 5. Aufgabe der 2. Abteilung der schriftlichen Prüfung.

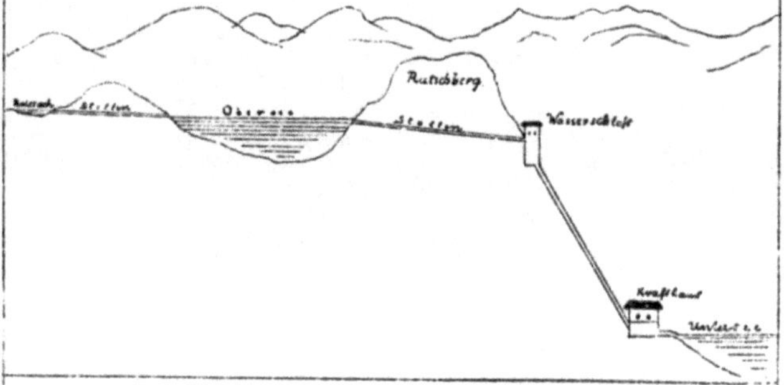

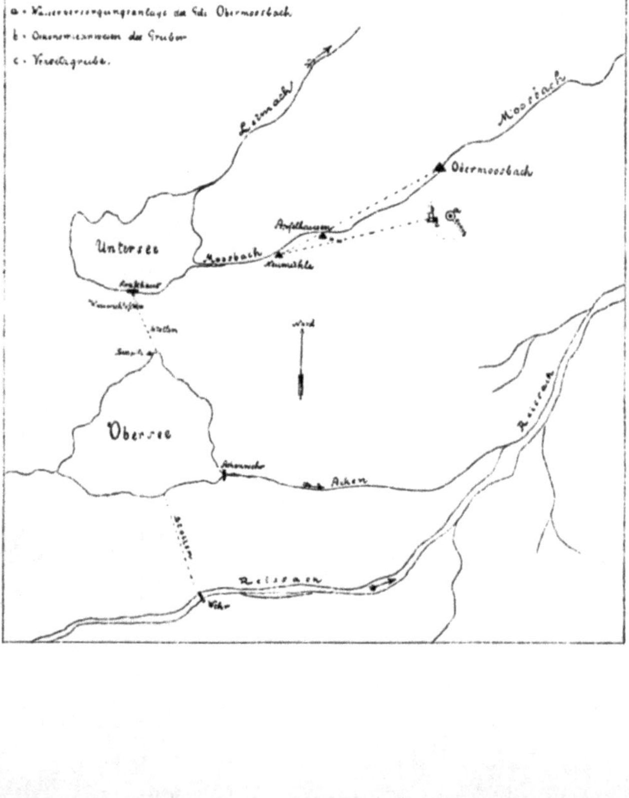

wasser mit Ausnahme der Achen bleiben erhalten. Die Floßfahrt auf der Reißach ist nicht mehr möglich.

Die staatliche Verkehrsverwaltung beabsichtigt dieses Projekt auszuführen und die gewonnene Kraft zur Elektrisierung einiger Staatsbahnen, zur Abgabe an Industrie und Städte und zur gemeinnützigen Versorgung des flachen Landes mit elektrischem Strome zu verwerten. Dabei hat die Verkehrsverwaltung durch eingehende technische Gutachten nachgewiesen, daß die seltenen Vorzüge des Obersees als Speicherbecken mit den ihm zuzuführenden Wassermengen der Reißach das Ausgleichsbecken für die elektrischen Kraftanlagen an den anderen staatlichen Flußläufen zu bilden berufen sei, und daß daher das Projekt die Grundlage nicht nur für die Elektrisierung der Staatsbahnen, sondern auch für die großzügig geplante elektrische Versorgung fast des ganzen Landes bilde. Das fertig ausgearbeitete Projekt leitete die Verkehrsverwaltung im März 1910 dem zuständigen Bezirksamt Bergau „zur etwa veranlaßten Einvernahme der Beteiligten" zu.

Gleichzeitig lief beim Bezirksamt ein Schreiben des Mühlbesitzers Spahn von Neumühle ein, in dem er unter Vorlage der entsprechenden Pläne und Beschreibungen mitteilte, daß er die Wasserräder seiner am Moosbache gelegenen Mühle durch eine Turbine ersetzen und mit dieser auch die aus dem Obersee nach Fertigstellung des Projektes der Verkehrsverwaltung kommenden Mehrwassermengen verarbeiten wolle. Im Anschlusse daran errichte er in Gemeinschaft mit der Gemeinde Obermoosbach in Neumühle ein Elektrizitätswerk, um die landwirtschaftlichen und kleingewerblichen Betriebe von Obermoosbach mit elektrischem Strome zu versorgen. Die überschüssige Kraft wolle er auf eigene Rechnung und ohne Mitwirkung der Gemeinde Obermoosbach einem in der Nähe der Obermoosbacher Wasserversorgungsanlage nach den mitfolgenden Plänen neu zu erbauenden Ökonomieanwesen seines Schwagers, des Schweinehändlers Eumäus Gruber, zuleiten dieser wolle dort auch eine große Molkerei und Schweinemästerei einrichten. Die täglich in erheblicher Menge anfallenden Abwässer würden in eine Versitzgrube eingeleitet. Er bitte für sich und seinen Schwager, dessen Vollmacht beiliege, um die bau-, gewerbe-

und wasserpolizeiliche Genehmigung. Die Pläne der elektrischen Leitungsanlage, bei der die zwangsweise Durchführung der Leitung durch die Gemeindeflur Apfelhausen in Frage komme, werde er später vorlegen.

Das Bezirksamt Bergau, das aus mehreren Versammlungen die Stellungnahme der Beteiligten im Reißachtale zu dem Reißach-Oberseeprojekte bereits kannte, erließ nach Einvernahme des Amtstechnikers am 10. April 1910 den Beschluß: 1. Der Verkehrsverwaltung wird die Erlaubnis zur Ausführung des Reißach-Oberseeprojektes versagt. 2. Dem Mühlbesitzer Spahn in Neumühle wird die Genehmigung zur Ersetzung der Wasserräder durch eine Turbine gegen eine jährliche Gebühr von 10 Mk. erteilt. 3. Dem Schweinehändler Gruber wird die baupolizeiliche Erlaubnis zur Errichtung des Ökonomieanwesens mit Molkerei und Schweinemästerei versagt. In den Gründen war ausgeführt, daß die Verkehrsverwaltung wie jeder Dritte zur Ausführung des Projekts der Genehmigung bedürfe, daß diese aber sofort zu versagen sei, weil die Ableitung der Reißach — die notwendige Voraussetzung des ganzen Unternehmens — unzulässig sei. Das Eigentumsrecht des Staates an öffentlichen Flüssen erstrecke sich nur auf das Flußbett (Art. 2, 12 WG.), nicht auf die fließende Welle; außerdem dürfe der Gemeingebrauch an der Reißach, ein altes Naturrecht, das namentlich durch Flößerei im weitesten Maße ausgeübt werde, in keiner Weise gestört werden. Durch die Ausführung des Projekts würde aber die Floßfahrt überhaupt unmöglich gemacht und die Reißach dadurch ihrer Eigenschaft als öffentlicher Fluß beraubt. Aber selbst wenn die Ableitung der Reißach rechtlich zulässig wäre, müßte sie aus Gründen des Gemeinwohls sofort untersagt werden, weil zahlreiche Flößerfamilen in ihrem Ernährungsstande gefährdet würden. Dem Müller Spahn könne, da nur eine Auswechslung von Hauptteilen an seinem Triebwerke in Frage komme, ohne Einvernahme von Beteiligten die Genehmigung nach Art. 50 Z. 3 WG. erteilt werden (§§ 127, 269 VV. z. WG.). Für die Ablehnung des Baugesuchs des Gruber sei die auf Grund des Art. 95 PStGB. erlassene distrikts-

polizeiliche Vorschrift vom 1. 12. 1903[1]) maßgebend gewesen; vorsorglich werde die Errichtung der Versitzgrube noch ausdrücklich untersagt.

Gegen den Beschluß erhoben die Verkehrsverwaltung, die Regierungsfinanzkammer, die von dem Beschlusse zufällig Kenntnis erhielt, Rechtsanwalt Klug im Namen des Spahn und Gruber und der Bürgermeister Bartholomäus Rottaler von Apfelhausen namens der Gemeinde Apfelhausen Beschwerde.

Die Verkehrsverwaltung beantragte, den Beschluß außer Wirksamkeit zu setzen, da nach dem WG. (insbesonders Art. 46 WG.) der Staat weder für die Ableitung der Reißach, noch für die Wehranlagen in der Reißach und an der Achen, noch zur Änderung der Abflußverhältnisse des Obersees (Art. 19 WG.), noch zur Errichtung der Anlagen zwischen Ober- und Untersee einer Erlaubnis oder Genehmigung bedürfe; es könne auch nicht angenommen werden, daß der Staat seine eigenen Anlagen konzessionieren müsse.

Die Regierungsfinanzkammer rügte zunächst ihre Nichtbeiziehung als Vertreterin des Staatsärars und wies darauf hin, daß die von der Verkehrsverwaltung angestrebten volkswirtschaftlichen Zwecke sicher die lokalen Interessen der Reißachtalbewohner überwiegen. In rechtlicher Beziehung müsse zwischen der Erlaubnis nach Art. 42/43 WG. und der Genehmigung nach Art. 50/51 WG. unterschieden werden; bei staatlichen Anlagen sei weiter zu scheiden, ob die Anlage aus rein fiskalischen Rücksichten oder im öffentlichen Interesse errichtet werde; im letzteren Falle sei nur zu prüfen, ob die Anlage rechtlich zulässig sei oder nicht. Den Ausführungen des Bezirksamts über den Gemeingebrauch an der Reißach könne nicht beigetreten werden. Bei dem Gesuche des Spahn habe das Bezirksamt, obwohl ein Wassermehrverbrauch beabsichtigt gewesen sei (Art. 50 Z. 2 WG.), übersehen, die Ver-

[1]) Die ordnungsgemäß erlassene distriktspolizeiliche Vorschrift lautet: „Im Umkreise von 500 m von öffentlichen Brunnen oder Quellen, aus denen Gemeinden mit Wasser versorgt werden, dürfen ohne distriktspolizeiliche Erlaubnis keine Anlagen errichtet werden, die geeignet sind, das zur Speisung der Wasserleitung dienende Grund- und Quellwasser zu verunreinigen.“

handlungen gemäß § 116 VB. z. WG. zunächst der Regierung vorzulegen; das beobachtete Verfahren widerspreche daher dem Gesetze.

Rechtsanwalt Klug hob hervor, daß dem Bezirksamt auch in den Fällen des Art. 50 Z. 3 WG. zu einer Gebührenfestsetzung die Zuständigkeit fehle. Auf den Wassermehrbezug verzichte Spahn hiemit ausdrücklich. Die Versagung der Bauerlaubnis für das Gruber'sche Anwesen widerspreche den Bestimmungen der Bauordnung. Die distriktspolizeiliche Vorschrift vom 1. 12. 1903 sei rechtsungültig, weil Art. 95 PStGB. nur die Wasserleitungsvorrichtungen schützen wolle. Nehme man aber mit dem Bezirksamt an, daß Art. 95 auch den Schutz des in den Leitungen befindlichen Wassers bezwecke, so sei doch mit dem Inkrafttreten des WG. der Art. 95 PStGB. insoweit außer Kraft getreten und die distriktspolizeiliche Vorschrift hinfällig geworden.

Bürgermeister Rottaler führte aus, daß er namens der Gemeinde Apfelhausen bereits jetzt gegen jede Durchführung von elektrischen Leitungen durch Apfelhausen in aller Form Beschwerde einlege. Die Gemeinde Apfelhausen und deren Bürger können weder durch das Zwangsenteignungsgesetz noch durch Art. 153 WG. gezwungen werden, ihre Straßen und Grundstücke zur Durchführung der vom staatlichen Kraftwerk am Untersee kommenden Leitungen oder der von Neumühle nach Obermoosbach oder zum Ökonomieanwesen des Gruber zu verlegenden Leitungen zur Verfügung zu stellen.

In einem von der Regierung eingeholten obertechnischen Gutachten war bezüglich des Neubaues des Gruber festgestellt, daß die in der Versitzgrube durchsickernden Abwässer tatsächlich das Grund- und Quellwasser und damit die Obermoosbacher Wasserversorgungsanlage in gesundheitsschädlicher Weise beeinflussen würden und daß auch eine andere Entwässerung des Anwesens nach Lage des Falles diese Folgen nicht verhindern könnte.

Die sämtlichen, in Betracht kommenden rechtlichen Gesichtspunkte sind zu würdigen.

Von der Form des amtlichen Verkehrs (Entschließung, Bescheid rc.) ist abzusehen.

6. Aufgabe der zweiten Abteilung der schriftlichen Prüfung

I. Unteraufgabe mit zweistündiger Arbeitsfrist.]

Karl G betreibt neben der Landwirtschaft auch eine Ziegelei. Am 10. März 1909 erlitt er in diesem letzteren Betriebe einen Unfall.

Der Ziegeleibetrieb war früher bei der Ziegelei-Berufsgenossenschaft katastriert; G war auch bei dieser Genossenschaft als Unternehmer selbstversichert.

Im Jahre 1909 entstanden jedoch Zweifel, ob die Ziegelei des G nicht als landwirtschaftlicher Nebenbetrieb anzusehen sei. Das zur Entscheidung angerufene Reichsversicherungsamt entschied denn auch in diesem Sinne und bestimmte als den Zeitpunkt, von dem an der Betrieb an die zuständige land- und forstwirtschaftliche Berufsgenossenschaft überzugehen habe, den 1. Januar 1910. Das Kataster der Ziegelei-Berufsgenossenschaft wurde demgemäß berichtigt.

Die land- und forstwirtschaftliche Berufsgenossenschaft, bei der der Entschädigungsanspruch angemeldet worden war, gewährte nunmehr mit Bescheid vom 29. Juli 1910 dem G die gesetzliche Unfallentschädigung vom 1. Januar 1910 an.

Hiegegen erhob G Berufung ans Schiedsgericht mit dem Antrag, die Berufsgenossenschaft zur Zahlung der Unfallrente vom 10. Juni 1909 an zu verurteilen. Zur Begründung führte er aus, es stehe nunmehr fest, daß seine Ziegelei ein landwirtschaftlicher Nebenbetrieb sei; derselbe sei daher kraft Gesetzes bei der zuständigen land- und forstwirtschaftlichen Berufsgenossenschaft versichert gewesen, die Katastrierung bei der Ziegelei-Berufsgenossenschaft sei unrichtig gewesen. Die Unfallrente stehe ihm gemäß § 8 des Unfall-Versicherungsgesetzes für Land- und Forstwirtschaft vom Ablauf der Wartezeit an zu. Die Verfügung des Reichsversicherungsamts, in der allerdings der 1. Januar 1910 als Zeitpunkt des Betriebsüberganges bestimmt sei, habe seinen Rechten keinen Abbruch tun können.

Das Schiedsgericht verwarf die Berufung, worauf G Rekurs zum Reichsversicherungsamt einlegte.

Wie hat das Reichsversicherungsamt zu entscheiden? (Die maßgebenden Gesetzesvorschriften sind anzuführen und die Gründe darzulegen).

6. Aufgabe der zweiten Abteilung der schriftlichen Prüfung.

II. Unteraufgabe mit zweistündiger Arbeitsfrist.

Die am 1. August 1878 geborene ledige Anna N in Z, die früher einen längeren Nähkurs mitgemacht hatte und dann im elterlichen Haushalt tätig war, begann am 1. Januar 1900 infolge Ablebens ihrer Eltern die Näherei und zwar arbeitete sie zunächst selbständig in ihrer Wohnung. Da ihr jedoch die eigene Haushaltsführung zu viel Zeit raubte, ging sie am 1. Oktober 1900 zur Störnäherei über. Von diesem Tage ab nahm sie auch ein Lehrmädchen auf, das ihr bei den Arbeiten in den Wohnungen der Kunden mithalf.

N selbst erhielt von ihren Kunden einen Taglohn von 1 Mk. 70 Pfg., später von 2 Mk., sowie die Kost.

Das Lehrmädchen erhielt, einer in Z und Umgebung allgemein bestehenden Übung entsprechend, von den Kunden der N gleichfalls die Kost, jedoch keinen Barlohn. Mit dieser Übung war schon bei Abschluß des Lehrvertrages gerechnet worden. Die Lehrzeit dauerte 3 Jahre, nach deren Ablauf N jeweils ein anderes Lehrmädchen unter gleichen Bedingungen aufnahm.

Um der Invaliden-Versicherungspflicht zu genügen, ließ sich N am 1. Oktober 1900 eine gelbe Quittungskarte ausstellen. Die Beiträge entrichtete N allwöchentlich selbst, da sie ihre Arbeitgeber nicht darum angehen wollte.

Am 1. Februar 1910 wurde N krank und erwerbsunfähig. Da die Erwerbsunfähigkeit nach Ablauf von 26 Wochen noch fortdauerte, beanspruchte N, die bereits 10 gelbe Quittungskarten mit 485 Beitragsmarken besaß, die Invalidenrente (Krankenrente.)

Unter entsprechender Begründung und Anführung der gesetzlichen Bestimmungen ist darzulegen, ob der Anspruch der N begründet ist.

Dabei ist anzugeben,

1. ob N der Versicherungspflicht unterlag,
2. ob die geleisteten Beiträge bei Verneinung der Versicherungspflicht als auf Grund der Selbstversicherung geleistet angesehen werden könnten.

---

7. Aufgabe der zweiten Abteilung der schriftlichen Prüfung

mit vierstündiger Arbeitsfrist.

Der Kaufmann Heinrich Gabler und der Diplomingenieur Hugo Salver, beide in München, betrieben zu München in offener Handelsgesellschaft eine Maschinen- und Werkzeugfabrik. Am 3. März 1910 starb der Teilhaber Heinrich Gabler. Gabler war unverehelicht; er hatte ein Testament nicht errichtet, sondern hinterließ als gesetzliche Erben seinen Bruder Karl Gabler sowie die beiden Söhne eines vorverstorbenen Bruders namens Ludwig und Franz Gabler. Nach der am 20. April 1910 für den Todestag des Heinrich Gabler errichteten Geschäftsbilanz waren vorhanden:

Aktiva:

Fabrikanwesen in München	600,000 Mk.
Fabrikeinrichtung nebst Rohmaterialien und Warenvorräten	350,000 Mk.
Geschäftsausstände	150,000 Mk.
Aktien verschiedener deutscher Aktiengesellschaften im Kurswerte von	23,962 Mk.
$3^1/_2$% ige Pfandbriefe der Bayerischen Hypotheken- und Wechselbank im Kurswerte von	9,498 Mk.
4% ige bayerische allgemeine Anlehensobligationen im Kurswerte von	16,540 Mk.
Summe	1 150,000 Mk.

Passiva:

Hypothek des Rentiers Xaver Obermüller am Fabrikanwesen	150,000 Mk.
Geschäftsverbindlichkeiten	120,000 Mk.
Summe	270,000 Mk.

Am 2. Mai 1910 erschienen vor dem K. Notariat Y in München der Diplomingenieur Hugo Salver, ferner Karl, Ludwig und Franz Gabler sowie der Rentier Xaver Obermüller und ließen einen Gesellschaftsvertrag über die Errichtung einer Aktiengesellschaft an Stelle der bisherigen offenen Handelsgesellschaft beurkunden. Hierin wurde das Grundkapital auf 1200,000 Mk. festgesetzt. Das Grundkapital wurde in 1200 auf den Inhaber lautende Aktien von je 1000 Mk. eingeteilt. Die Aktien wurden von den Gründern zum Nennwert übernommen und zwar übernahmen: Hugo Salver 440 Stück, Karl Gabler 220 Stück, Ludwig und Franz Gabler je 110 Stück und Xaver Obermüller 320 Stück. Hugo Salver, Karl, Ludwig und Franz Gabler legten als Gegenleistung für die übernommenen Aktien das gesamte Vermögen der seitherigen offenen Handelsgesellschaft mit allen Aktiven und Passiven im Reinwerte von 880,000 Mk. in die Gesellschaft ein. Xaver Obermüller leistete seine Einlagenschuldigkeit dadurch, daß er auf die ihm am Fabrikanwesen zustehende Hypothek von 150,000 Mk. verzichtete und den sodann noch verbleibenden Rest von 170,000 Mk. bar zur Einzahlung brachte.

Die neu gegründete Aktiengesellschaft wurde am 1. Juni 1910 in das Handelsregister eingetragen.

I. Sind Gebühren zur bayerischen Staatskasse oder Reichsabgaben, mit Ausschluß der Reichserbschaftssteuern, geschuldet

a) für den erbweisen Übergang des Anteils des † Heinrich Gabler am Vermögen der offenen Handelsgesellschaft auf dessen Erben?

b) für die Errichtung der Aktiengesellschaft und die Beurkundung des Gesellschaftsvertrags einschließlich der Be-

wirkung der Einlagen und der Übernahme der Aktien durch die Gründer?

c) für die Eintragung der Aktiengesellschaft in das Handelsregister?

Wenn ja, welche Beträge sind zu entrichten?

Die Entscheidungen sind kurz zu begründen.

II. Welche Rechtsmittel stehen den Zahlungspflichtigen zu Gebote, wenn sie sich durch die in Ansatz gebrachten Gebühren und Abgaben beschwert erachten? Wer entscheidet über diese Rechtsmittel?

---

8. Aufgabe der zweiten Abteilung der schriftlichen Prüfung

mit vierstündiger Arbeitsfrist.

Am 5. Mai 1910 starb zu Planegg, Amtsgerichts München, der dortselbst wohnhaft gewesene verwitwete Privatier Joseph Gruber ohne Hinterlassung von Nachkommen. Seine gesetzlichen Erben waren der Brauereidirektor Karl Gruber in Nürnberg, Sohn seines verlebten Bruders Karl Gruber, der Kaufmann Friedrich Klein in Ingolstadt und die Lehrerswitwe Magdalena Ilg, geb. Klein, in Burghausen, die beiden letzteren Kinder seiner verstorbenen Schwester. Zur Sicherung des Nachlasses legte der Bürgermeister der Gemeinde Planegg am 6. Mai 1910 in der Sterbewohnung Siegel an und zeichnete die beweglichen Nachlaßgegenstände, soweit er sie nicht in besonderen abgeschlossenen und versiegelten Räumen unterbringen konnte, auf. Hiebei fand er eine vom Erblasser eigenhändig geschriebene letztwillige Verfügung, ferner 3 Schuldscheine über ausstehende Forderungen zu 3000.—, 5000.—, und 6000 Mk. sowie einen Hypothekenbrief über eine dem Erblasser zustehende Hypothek von 12000 Mk. und 250 Mk. Bargeld vor. Die im Protokolle näher verzeichneten Schriftstücke übersandte er mit dem Protokoll an das Amtsgericht München und überließ das Bargeld der Haushälterin.

Am 11. Mai 1910 verkündete das Amtsgericht München in Gegenwart der Erben das Testament. In diesem war bestimmt, daß der Bruderssohn des Erblassers und seine beiden Schwesterkinder die alleinigen Erben sein sollen und daß der Haushälterin ein Vermächtnis von 3000 Mk. auszubezahlen ist. Der Erbe Karl Gruber stellte sofort den Antrag auf Erteilung eines gemeinschaftlichen Erbscheins dahin, daß der Erblasser von ihm zur Hälfte und von Friedrich Klein und Magdalena Ilg zu je einem Viertel beerbt wurde. Die beiden Miterben widersprachen, weil nach dem Wortlaut und Sinne des Testaments und nach dem Willen des Erblassers ihnen selbst wie dem Antragsteller je ein Drittel des Nachlasses gebühre. Im Einverständnisse mit den Parteien wurde die Entscheidung über den Erbscheinsantrag ausgesetzt und dem Bürgermeister von Planegg die Abnahme der Siegel übertragen.

Mit Klageschrift, zugestellt am 22. Mai 1910, erhob Karl Gruber durch seinen Rechtsanwalt gegen die beiden Miterben Klage zum K. Landgerichte München I mit dem Antrage: zu erkennen, daß Erben des Joseph Gruber der Kläger zur Hälfte und die beiden Beklagten zu je einem Vierteile sind. Bei der mündlichen Verhandlung stellte der klägerische Anwalt den Klageantrag, während der beklagtische Vertreter kostenfällige Klagsabweisung beantragte. Es erging Beweisbeschluß auf Vernehmung der Haushälterin des Erblassers als Zeugin darüber, daß der Erblasser gesagt habe, daß die 3 Kinder seiner beiden Geschwister Erben nach Stammanteilen werden sollen. Nach Vernehmung der Zeugin vor dem Prozeßgerichte kam am 8. Oktober 1910 zwischen den Parteien folgender Vergleich zustande:

I. Es wird anerkannt, daß der Verlebte, Joseph Gruber, von dem Kläger Karl Gruber und den Beklagten Friedrich Klein und Magdalena Ilg zu je einem Drittel beerbt wurde.

II. Bei der Auseinandersetzung des Nachlasses erhält Kläger 2000 Mk. als Voraus.

III. Die Kosten des Rechtsstreits sind aus dem Nachlasse zu decken.

Der Aktivnachlaß bestand außer dem Barbetrage von 250 Mk., den die Haushälterin zur Bestreitung von Haushaltungskosten und ihrer Lohnansprüche verwendete, aus: 5000 Mk. Hausmobiliar einschließlich der Kleider und Kostbarkeiten, den 3 Handscheinforderungen zu 3000. —, 5000. — und 6000 Mk., der Hypothek zu 12000 Mk. auf Anwesen Hs.-Nr. 32 in Planegg sowie aus dem Ökonomieanwesen Hs.-Nr. 63 in Obermenzing im Werte von 60000 Mk., das verpachtet und von welchem beim Eintritte des Erbfalls ein Pachtschilling von 1200 Mk. rückständig war.

Dagegen waren an Passiven vorhanden: 1500 Mk. Leichen- und Beerdigungskosten, 300 Mk. Kosten von Arzt und Apotheke, 400 Mk rückständige Miete für die Sterbewohnung und 27000 Mk. Bankgeld auf dem Ökonomieanwesen.

Die Erben einigten sich privatschriftlich dahin, daß die Erben Friedrich Klein und Magdalena Ilg die 3 Handscheinforderungen zu gleichen Hälften und der Erbe Karl Gruber die Hypothekforderung ganz zugewiesen erhalten, das Mobiliar gleichheitlich unter ihnen verteilt, das Ökonomieanwesen dagegen bis zum Ablaufe der Pachtzeit ungeteilt belassen, später verkauft und mit dem Kaufpreise sodann Ausgleich unter den Erben getroffen wird. Die rückständigen und fällig werdenden Pachtzinse sollten in erster Linie zur Deckung der Beerdigungskosten sowie der Kosten des Rechtsstreits verwendet werden. Am 13. Oktober 1910 beantragten die Erben die Ausstellung eines auf die Hypothekforderung zu 12000 Mk. und das Ökonomieanwesen beschränkten Erbscheins. Dem Antrage wurde am gleichen Tage stattgegeben und Erbschein erteilt, in welchem hinsichtlich der bezeichneten Nachlaßvermögensstücke bestätigt wurde, daß der Erblasser von Karl Gruber, Friedrich Klein und Magdalena Ilg zu je einem Drittteil beerbt wurde. Unter Vorlage dieses Erbscheins beantragten die Erben sodann vor dem Grundbuchamte München die Umschreibung der Hypothek zu 12000 Mk. auf den Miterben Karl Gruber und des Ökonomieanwesens auf die 3 Erben in Erbengemeinschaft. Das Grundbuchamt München gab diesen Anträgen statt.

Welche Staatsgebühren gelangen beim Nachlaßgerichte, beim Grundbuchamte sowie beim Prozeßgerichte (Landgericht München I) zum Anfalle? Hätte das Grundbuchamt etwa die Umschreibung des Ökonomieanwesens von der vorherigen Einzahlung bei ihm oder zu einer anderen Behörde geschuldeter Staatsgebühren abhängig machen sollen? Die Ansätze sind kurz zu begründen. Pauschsätze nach § 80 b des Reichs-Gerichtskostengesetzes sind außer Berücksichtigung zu lassen.

---

9. Aufgabe der zweiten Abteilung der schriftlichen Prüfung

mit neunstündiger Arbeitsfrist.

Im Kassa- und Rechnungswesen der Landgemeinde Aussee — sie hat 1744 Seelen — herrschte seit längerer Zeit Unordnung; insbesondere bestand eine große Anzahl von Rückständen an Gemeindeumlagen.

Mit Rechnungsprüfung für das Jahr 1903 wies das zuständige Bezirksamt N. den Gemeindeausschuß (Gemeinderat) an, für Beitreibung der vielen Umlagenrückstände zu sorgen.

Im Vollzuge dieser Anweisung wurde der Gerbermeister Zenger in Aussee vom Gemeindeausschusse (Gemeinderate) mit Beschluß vom 2. März 1905 aufgefordert, 729 Mk. 90 Pfg. Gemeindeumlagenrückstände an die Gemeindekassa zu bezahlen:

180	Mk.	—	Pfg.	(260 %)	für	1897
147	„	30	„	(210 %)	„	1898
52	„	60	„	(110 %)	„	1899
48	„	60	„	(105 %)	„	1900
44	„	40	„	(105 %)	„	1901
154	„	80	„	(265 %)	„	1902
50	„	70	„	(105 %)	„	1903
51	„	50	„	(105 %)	„	1904.

Diese Beträge waren in den Gemeinderechnungen und Umlagenregistern vorschriftsmäßig als Einnahmerückstände gebucht.

Die Voranschlagsaufstellungen und Umlagenbeschlüsse dieser Jahre waren gesetzmäßig erfolgt.

Dem gemeindlichen Zahlungsanspruche begegnete Zenger mit Weigerung:

1. Vor allem seien — abgesehen von anderen Gründen der Zahlungsfreiheit — die Ansprüche aus den Jahren 1897 mit 1901 gemäß § 197 des Bürgerlichen Gesetzbuches verjährt, da in der Gemeinde stets Gemeindeumlagen erhoben werden, sohin regelmäßig wiederkehrende Leistungen vorliegen.

Die Ansprüche aus den Jahren 1897—1899 seien überdies zufolge des Gesetzes über Verjährungsfristen vom 26. März 1859 und des Finanzgesetzes vom 28. Dezember 1831 verjährt.

Die Ansprüche aus den Jahren 1902—1904 seien erloschen, da für den Gemeindehaushalt die Finanzperiode nur je ein Jahr umfasse.

2. Die Umlagenforderungen für 1898 und 1899 seien jedenfalls in ihrer Höhe ungerechtfertigt, weil in diesen beiden Jahren seine — des Zenger — Steuerveranlagung zu hoch gewesen sei. Dies habe auch das Rentamt anerkannt und bei ihm in jenen beiden Jahren nur die Hälfte der veranlagten Steuern eingehoben.

3. Aus diesem Grunde habe er — Zenger — mit Schreiben vom 15. Mai 1900 dem Bürgermeister die Bezahlung der Hälfte der für 1898 und 1899 geforderten Gemeindeumlagen angeboten. Dieser habe das Anerbieten als zutreffend anerkannt und angenommen; daraufhin habe er — Zenger — die Umlage mit 73 Mk. 65 Pfg. für 1898 und mit 26 Mk. 30 Pfg. für 1899 dem Gemeindekassier (=Einnehmer) bezahlen wollen — dieser habe aber die Annahme verweigert, was zeugschaftlich bewiesen werden könne.

In dieser Verweigerung der Geldannahme liege ein auch im öffentlichen Rechte gültiger „Verzicht“ auf diese angebotenen Beträge. Bezüglich der nicht angebotenen Betragehälften sei in der bürgermeisterlichen Zustimmung zum Zengerschen Schriftsatze vom 15. Mai 1900 ein — gleichfalls im öffentlichen Rechte wirksames „Anerkenntnis“ der Zengerschen Nichtschuld,

jedenfalls aber ein „Erlaß" im Sinne des § 397 des Bürgerlichen Gesetzbuches begründet.

4. Im Jahre 1902 seien, wenn der Gemeindehaushalt gesetzmäßig geführt worden wäre, viel weniger Gleichstellungsumlagen nötig gewesen: wenn nämlich — wie Zenger damals empfohlen habe — die gemeindliche Schwimm- und Badeanstalt nicht in Regie betrieben, sondern verpachtet worden wäre, so wäre zufolge des höheren Einnahmebetrages die Gleichstellungsumlage derart gesunken, daß ihn — Zenger — nur 72 Mk. 30 Pfg. an Gemeindeumlagen getroffen hätte.

5. Bei der 1879/1880 erfolgten Vereinigung der Gemeinden Aussee und Grundl zur jetzigen Gemeinde Aussee sei im Vereinigungsvertrage bestimmt worden, daß für die Kosten bei Wandererverpflegsstationen in der vereinigten Gemeinde die Besitzer der sogenannten Althäuser (Inhaber von Gemeinderechten) mit Sonderumlagen aufzukommen haben. Gleichwohl sei der ungedeckte Aufwand für jene Stationen im Jahre 1897 nicht vertragsmäßig, sondern aus der allgemeinen Gleichstellungsumlage der Gemeinde gedeckt worden. Er — Zenger — sei nicht Althausbesitzer; er habe auch bei der einsamen Lage seines Anwesens keinen Vorteil von jenen Verpflegsstationen. Überdies handle es sich hierbei nicht um eine gesetzliche Last der Gemeinde und es dürften daher Ausgaben hierfür in Jahren mit gemeindlicher Gleichstellungsumlage aus der Gemeindekassa überhaupt nicht gemacht werden.

Endlich fehle die mit Rücksicht auf den Gesamtbetrag dieser Ausgaben erforderliche Aufsichtsgenehmigung.

Zenger verweigere daher den Umlagenteilbetrag — 4 Mk. 30 Pfg. — zu bezahlen, der sich für ihn im Jahre 1897 aus der allgemeinen Deckung der Stationenausgaben berechne.

6. Für das Jahr 1897 seien im gemeindlichen Jahresvoranschlage nur 100 % Gemeindeumlagen vorgesehen gewesen. Nun sei vom Bezirksamte N. mit verwaltungsrechtlichem Beschluß vom 2. Mai 1897 entschieden worden, daß die gemeindlichen Umlagenbeschlüsse für die Rechnungsjahre 1893 mit 1896 nicht formgültig erlassen waren. Daraufhin hätten jene, die ihre Umlagenbeträge für 1893/1896 bezahlt hatten, diese Beträge von der Gemeinde zurückgefordert.

Um diesen Rückersatz leisten zu können, habe die Gemeindevertretung am 26. Mai 1897 beschlossen:

a) für 1897 außer den bereits etatisierten 100 % eine weitere Gemeindeumlage mit 160 % — sohin im ganzen 260 % — zu erheben und

b) den Rückersatz der 1893 mit 1896 einbezahlten Umlagenbeträge nicht in Barem vorzunehmen, sondern jene Beträge bei den einzelnen Personen an den aus 260 % sie treffenden Umlagenbeträgen abzurechnen.

Eine Abrechnung (b) werde ihm — Zenger — nicht gewährt, weil er die Umlagen für 1893 mit 1896 seinerzeit nicht bezahlt habe. Letzteres sei ja richtig; da aber die Umlagenbeschlüsse für diese Jahre als formwidrig erklärt seien, so liege bezüglich dieser Jahre eine für Jedermann und für alle Zeit rechtskräftig abgeurteilte Sache vor. Dieser Rechtskraft zufolge habe er — Zenger — Umlagen für jenen Zeitraum jetzt überhaupt nicht mehr zu bezahlen; ihm — Zenger — gegenüber bezwecke der gemeindliche Beschluß vom 26. Mai 1897 ein rechnerisch unzulässiges Geschäft. Er verweigere daher auch aus diesem Grunde — falls er nicht schon aus anderen Gründen schuldfrei sei — die Bezahlung eines Betrages von 105 Mk. 80 Pfg., der sich aus dem Umlagenzuschlage zu 160 % im Jahre 1897 für ihn berechne.

7. Bei der Herstellung eines Gemeindeverbindungsweges im Jahre 1903 sei durch den gemeindlichen Fuhrenakkordanten auf dem an den Weg angrenzenden Zengerschen Grundstück in einer Weise herumgefahren worden, daß die dortige Baumschule Zengers mit einem Kostenaufwande von 42 Mk. instandgesetzt werden mußte. Gegenüber einer allenfallsigen Umlagenschuld bringe er — Zenger — diesen Betrag als Gegenforderung in Aufrechnung.

8. In dem für 1904 geforderten Umlagenbetrage seien 11 Mk. 40 Pfg. für das Jahr 1903 enthalten, die auf einer Kapitalrentensteuerveranlagung für letzteres Jahr beruhen. Die Gemeindeverwaltung habe, obwohl sie seinerzeit von dieser Steuerveranlagung für 1903 rechtzeitig Kenntnis erhalten hatte, eine Umlage hieraus in das Umlagenregister 1903 nicht eingestellt. Ohne Eintrag in das einschlägige Jahresumlagen-

register werde für die einzelne Person eine Umlagenschuld von vornherein nicht begründet und es könne daher in späterer Zeit jene Umlage nicht mehr nachgefordert werden.

* * *

Nach vielfachen Zwischenverhandlungen blieb der Gemeindeausschuß (Gemeinderat) auf seiner Umlagenforderung im ganzen Umfange bestehen und übertrug die Vertretung der gemeindlichen Interessen beschlußmäßig dem Rechtsanwalte K.

In einem an das Bezirksamt N gerichteten Schriftsatze vom 2. Februar 1908 gab dieser Rechtsanwalt gegenüber den Einreden des Zenger folgende Erklärungen ab:

Zu 1: Allerdings seien laut aller vorliegenden Rechnungen in der Gemeinde Aussee von jeher Gemeindeumlagen erhoben worden; gleichwohl seien die Umlagen bezüglich der Verjährung nicht nach § 197, sondern nach § 195 des Bürgerlichen Gesetzbuches zu beurteilen.

Übrigens sei bei den Umlagenrückständen des Zenger Verjährung überhaupt ausgeschlossen, da durch Buchung dieser Beträge als „Rückstände" die Verjährung ohne weiteres regelmäßig unterbrochen worden sei.

Die Zeitdauer der Finanzperiode für den Gemeindehaushalt sei ohne rechtlichen Einfluß auf die Verjährungsfrage.

Für 1897 und 1898 sei Verjährung auch noch deshalb auszuschalten, weil Zenger nach eigener Angabe — Ziffer 3 — für diese Jahre Teilzahlung angeboten und damit die Schuld als solche anerkannt habe.

Zu 2: Daß bei Zenger nur die Hälfte der veranlagten Steuer eingehoben wurde, sei für die Gemeindeumlagenschuld rechtlich gleichgültig.

Wenn die Staatssteuer zu hoch veranschlagt war, so hätte Zenger hiewegen bei den zuständigen Staatsfinanzbehörden sich beschweren können.

Zu 3: Der Bürgermeister habe das Anerbieten Zengers vom 15. Mai 1900 nur in der irrtümlichen Annahme gebilligt, daß die Steuerschuld des Zenger nur die Hälfte des der Umlagenberechnung unterlegten Betrages beziffert habe.

Der Gemeindekassier (=Einnehmer) bestreite, daß er eine Zahlung des Zenger anzunehmen verweigert habe; übrigens könnten aus solcher Weigerung die Schlußfolgerungen Zengers mit Rechtswirksamkeit nicht gezogen werden.

Bezüglich der Gemeindeumlagen seien weder § 397 des Bürgerlichen Gesetzbuches noch die Rechtstitel des Anerkenntnisses oder Verzichtes anwendbar. Auch habe ein Nachlaß der Umlagen nicht stattgefunden.

Zu 4: Die Berechnung, wonach Zenger in dem von ihm bezeichneten Falle nur 72 Mk. 30 Pfg. an Umlagen getroffen hätten, sei richtig, indem die seinerzeit von Zenger vorgeschlagene Person für Pacht der Schwimm- und Badeanstalt einen derart hohen Pachtbetrag angeboten habe.

Trotzdem sei Zengers Einwand unbegründet, weil jener Person wegen der Zweifel über ihre Zahlungsfähigkeit der Pacht nicht habe übertragen werden können.

Zu 5: Die Durchführung jener Vertragsbestimmung sei dem heftigen Widerspruche der den größten Teil der Umlagenpflichtigen bildenden „Althäusler" begegnet und später fallen gelassen worden.

Zenger habe — eben wegen der einsamen Lage seines Anwesens — Vorteil davon, die bei ihm um Unterstützung bittenden Wanderer an die Verpflegstationen verweisen zu können.

Der von Zenger angegebene Umlagenminderbetrag sei rechnerisch zutreffend.

Es seien nur in den Jahren 1896 und 1897 Aufwendungen aus Gemeindemitteln für die Stationen erfolgt, aber in keinem der beiden Jahre mit einem Betrage, der für sich eine aufsichtliche Genehmigung erforderlich gemacht habe; die Gesamtsumme dürfe bezüglich dieser Genehmigung nicht zugrunde gelegt werden.

Zu 6: Der von Zenger bezeichnete Umlagenminderbetrag sei rechnerisch zutreffend.

Die Ungültigkeit der Umlagenbeschlüsse für 1893 mit 1896 habe in anderer Weise als durch den gültigen Beschluß vom 26. Mai 1897 gar nicht geheilt werden können; Heilung habe eintreten müssen, denn die 1893—1896 gemachten Ausgaben der Gemeindekasse seien unbedingt nötig gewesen und selbstverständlich nicht mehr rückgängig zu machen.

Anderseits zahle Zenger jetzt nur das nachträglich, wie die anderen Umlagenpflichtigen schon vor Jahren gezahlt haben; er dürfe damit zufrieden sein, daß die Gemeinde keine Verzugszinsen beanspruche.

Die Einrede der rechtskräftig abgeurteilten Sache sei öffentlichrechtlich nur unter besonderen, hier nicht gegebenen Voraussetzungen zulässig und zu berücksichtigen.

Zu 7: Gegenüber der gesetzlichen Pflicht zur Bezahlung von Gemeindeumlagen seien Gegenforderungen des Pflichtigen überhaupt nicht zulässig.

Hievon abgesehen sei in dem vorliegenden Fall eine dritte Person, nicht die Gemeinde Aussee Schuldner des Zenger geworden.

Zu 8: Es werde zugegeben, daß die mit 11 Mk. 40 Pfg. dem Betrage nach zutreffende Umlage Zengers aus jener Kapitalrentensteuerveranlagung in das Umlagenregister 1903 nicht eingestellt worden sei. Es sei dies auf ein Übersehen auf Seite des Gemeindekassiers (=Einnehmers) zurückzuführen. Die Gemeinde habe sich aber für befugt erachtet, im folgenden Jahre 1904 die treffende Umlage nachzufordern.

* * *

Am Schlusse dieses Schriftsatzes vom 2. Februar 1908 wurde beantragt:

> Das Bezirksamt wolle den Zenger für verpflichtet erklären, alle geforderten Umlagenrückstände an die Gemeindekasse abzuführen und die in der Sache erwachsenen Kosten zu tragen.

Zenger, dem eine Ausfertigung dieses Schriftsatzes zuging, blieb auf seinen früheren Erklärungen bestehen. Er fügte bei, daß die Kosten der anwaltschaftlichen Vertretung der Gemeinde ohne Rücksicht auf den Sachausgang von der Gemeinde selbst zu tragen seien, da bei den Verwaltungsbehörden ein Anwaltszwang nicht bestehe.

* * *

In einem Nachtrage des Rechtsanwaltes K vom 20. November 1909 ließ die Gemeinde weitere Gemeindeumlagenrückstände des Zenger beim Bezirksamt einfordern:

22 Mk. 40 Pfg. für zweites Halbjahr 1906 und
52 Mk. 30 Pfg. für das Jahr 1908.

Zenger setzte diesen Forderungen folgendes entgegen:

9. Auch für das zweite Halbjahr 1906 sei von ihm die Gemeindeumlage mit 22 Mk. 40 Pfg. entrichtet worden. Der Nachweis hiefür sei seinerseits schon bei der gegen den Gemeindekassier (Einnehmer) wegen Unterschlagung eingeleiteten Voruntersuchung geliefert worden: Damals habe er — Zenger — zeugeneidlich bestätigt, daß er die Zahlung der 22 Mk. 40 Pfg. an den Gemeindekassier (Einnehmer) geleistet habe. Überdies besitze er für diese Zahlung eine Quittung des Kassiers (Einnehmers), die der Gemeindeausschuß (Gemeinderat) als echt anerkannt habe.

10. Die Gemeindeumlage für 1908 habe er deshalb noch nicht gezahlt, weil ein Teilbetrag von 17 Mk. 10 Pfg. nicht auf gesetzlicher Grundlage beruhe;

Im Jahre 1908 sei der Hochwasserdamm an dem in der Nähe des Dorfes Aussee vorüberziehenden Pflerschflusse von der Gemeinde Aussee mit einem Kostenaufwande von 1047 Mk. ausgebessert worden.

Um diesen Betrag habe sich die Gleichstellungsumlage für 1908 erhöht und der hieraus auf ihn — Zenger — entfallende Betrag beziffere 17 Mk. 10 Pfg.

Diese Ausbesserung gehöre nicht unter die gesetzlichen Obliegenheiten der Gemeinde, sondern falle als dem Schutze des Grundeigentums dienend, den beteiligten Grundeigentümern zur Last; Gemeindeumlagen dürften schon aus diesem Grunde für solchen Zweck nicht erhoben werden.

Falls aber die Gemeinde jene Ausbesserung freiwillig übernehmen wollte, so hätte sie der aufsichtlichen Genehmigung hiezu bedurft — und zwar sowohl mit Rücksicht auf die Höhe des Ausgabebetrages wie darauf, daß der Gemeinde hieraus eine dauernde Verbindlichkeit entstehe.

* * *

Diesen Einwänden des Zenger gegenüber ließ die Gemeinde durch ihren Vertreter geltend machen:

Zu 9: Durch die Zahlung Zengers an den ungetreuen Gemeindekassier (Einnehmer) am 2. August 1906 sei die Schuld Zengers an die Gemeinde nicht getilgt worden. Denn der Bürgermeister habe am 24. Juli 1906 durch Anschlag an der Gemeindetafel bekannt gegeben, daß der Gemeindekassier (Einnehmer) wegen Unterschlagung sich in Untersuchung befinde; von diesem Tag an hätten also Zahlungen gemeindlicher Art an jenen Kassier (Einnehmer) nicht mehr geleistet werden dürfen.

Die Umlagenquittung des Kassiers (Einnehmers) vom 2. August 1906 sei daher belanglos.

Zu 10: Es sei auch im Jahre 1884 eine größere Instandsetzung jenes Hochwasserdammes aus Gemeindemitteln vorgenommen worden und es herrsche deshalb allgemein die Anschauung, daß die Dammunterhaltung eine Verpflichtung der Gemeinde bilde. Diese Anschauung sei im gemeindlichen Beschluß über den Voranschlag der Gemeindekasse für 1908 niedergelegt worden und es hätte das Bezirksamt den Voranschlag jedenfalls aufsichtlich beanstandet, wenn die Bestreitung der Dammkosten aus der Gemeindekassa ungesetzlich wäre. Der Voranschlag sei aber aufsichtlich nicht beanstandet worden.

Die von Zenger für sich beanspruchte Umlagenminderung sei rechnerisch zutreffend.

* * *

Nach den zur Sache vom Bezirksamte N. angestellten Erhebungen erwiesen sich die von Zenger geltend gemachten Betragsminderungen bei den eigenen Umlagen als rechnerisch zutreffend.

Bezüglich der einzelnen Streitpunkte war das Ergebnis der bezirksamtlichen Sachverhaltsfeststellungen folgendes:

Zu 1: In einem bezirksamtlichen Akte: „Gemeindevisitation, hier Rechnungswesen der Gemeinde Aussee" betr. befindet sich ein vom Gemeindeausschusse (Gemeinderate) gefertigtes Ver-

zeichnis, worin außer anderen Personen auch Zenger am 2. Juni 1902 zur Zahlung seiner Umlagenschulden gegen vorliegende Unterschrift gemahnt worden war.

Zu 2: Gegen die Höhe der Steuerveranlagung hatte Zenger damals bei den staatlichen Finanzbehörden Einspruch erhoben, war aber damit rechtskräftig abgewiesen worden.

Nach rentamtlicher Mitteilung war in den Jahren 1898 und 1899 nur die Hälfte der für Zenger festgesetzten Steuern eingehoben, die tatsächliche Einhebung der anderen Hälfte wegen Uneinbringlichkeit unterlassen worden.

Zu 3: Nach eidlicher Zeugenvernehmung wollte Zenger in der ersten Woche des Juni 1900 beim Gemeindekassier (Einnehmer) 73 Mk. 65 Pfg. Gemeindeumlage für 1898 und 26 Mk. 30 Pfg für 1899 bezahlen — die Zahlung wurde aber nicht angenommen.

Zu 4: Bei Aufstellung des Gemeindevoranschlages war von einzelnen Mitgliedern des Gemeindeausschusses (Gemeinderates) die Zahlungsfähigkeit der von Zenger als Pächter vorgeschlagenen Person bezweifelt worden; nach dem Ergebnisse der hierauf angestellten Erhebungen war aber der Zweifel nicht berechtigt, diese Person vielmehr zahlungsfähig.

Zu 5: Nach Akteninhalt war die Vereinigung der Gemeinden Aussee und Grundl staatsaufsichtlich mit dem Beifügen bestätigt worden, daß die zivilrechtliche und verwaltungsrechtliche Zuständigkeit zur Auslegung des Vereinigungsvertrages vorbehalten bleibt.

Eine rechtsgeschichtliche Grundlage für die Vereinbarung über die Verpflegstationen besteht nicht. Die Übernahme der ungedeckten Kosten hiefür auf Gemeindemittel war seinerzeit bezirksamtlich empfohlen und der diese Übernahme bewilligende formgültige Beschluß der zuständigen Gemeindevertretung aufsichtlich genehmigt worden.

Für die Verpflegstationen wurden nach den Gemeinderechnungen verausgabt:

im Jahre 1896:	352 Mk.	63 Pfg.,
„ „ 1897:	522 Mk.	30 Pfg.

Gemeindliche Aufwendungen für diesen Zweck fanden später nicht mehr statt; die Kosten der Stationen gingen auf den Distrikt über.

Zu 6: Der Beschluß vom 26. Mai 1897 über den Umlagenzuschlag ist formgültig.

Es ist darin ziffermäßig genau jener Gesamtbetrag zum Rückersatze bestimmt, den die übrigen Umlagenpflichtigen — mit Ausnahme Zengers — in den Jahren 1893 mit 1896 an Gemeindeumlagen entrichtet hatten; durch diesen Rückersatz war gegenüber dem Voranschlag eine weitere Umlage zu 160 %, im ganzen sohin eine solche von 260 % erforderlich geworden.

Die gemeindlichen Voranschläge für 1893 mit 1896 waren aufsichtlich nicht beanstandet worden; der rechtskräftige verwaltungsrechtliche Beschluß des Bezirksamts vom 2. Mai 1897 hatte nicht den sachlichen Inhalt jener Voranschläge, sondern nur die Frage der Formgültigkeit der hiezu gefaßten gemeindlichen Beschlüsse zum Gegenstande.

Zu 7: Nach Akteninhalt hatte Zenger diesen Anspruch gegen die Gemeinde im Jahre 1903 beim Bezirksamte geltend gemacht, worauf der Gemeindeausschuß (Gemeinderat) erklärte, hierüber erst dann verhandeln zu wollen, wenn Zenger seine Umlagenschuld getilgt habe. Diese Erklärung wurde vom Bezirksamte mit der Verfügung: „Vorläufig beruhend" zum Akte genommen.

Zu 8: Nach rentamtlichem Aufschluß ist erwiesen, daß die Kapitalrentensteuerliste für 1903 rechtzeitig an die Gemeindebehörde mitgeteilt worden war und daß in derselben für Zenger ein Kapitalrentensteuerbetrag enthalten war, dem die Gemeindeumlage von 11 Mk. 40 Pfg. entspricht.

Zu 9: Die gemeindliche Beschlußfassung über den Voranschlag und die Umlagenerhebung für 1906 war ordnungsgemäß erfolgt.

Es ist erwiesen, daß Zenger die 22 Mk. 04 Pfg. an den Gemeindekassier (Einnehmer) am 2. August 1906 bezahlt hat — und zwar gegen sofortige Quittung des letzteren —, daß aber dieser Betrag vom Gemeindekassier (Einnehmer) an

die Gemeindekassa nicht abgeliefert, sondern unterschlagen wurde.

Die hierwegen und wegen früherer Unterschlagungen seit Mitte August 1906 eingeleiteten disziplinären und strafgerichtlichen Verfahren kamen zu keinerlei Abschluß, da der Gemeindekassier (Einnehmer) vor deren Abschluß starb.

Der Anschlag an der Gemeindetafel war in der vom Rechtsanwalte K angegebenen Weise erfolgt und es hatte Zenger vor dem 2. August 1906 hievon Kenntnis erhalten.

Zu 10: Der zur Schiff- und Floßfahrt dienende Pflerschfluß zieht in geringer Entfernung am Dorfe Aussee vorüber. Das ganze Dorf (die Ortsflur) liegt im Überschwemmungsgebiete dieses Flusses und hat durch ihn wiederholt Hochwasserschaden erlitten.

Der zwischen dem Dorf und dem Flusse gelegene Hochwasserdamm wurde 1883/84 stark beschädigt und laut Gemeinderechnung 1884 in diesem Jahre von der Gemeinde Aussee mit einem Kostenaufwande von 2017 Mk. instandgesetzt. Zu dem Gemeindevoranschlage 1908, der den Ausgabebetrag von 1047 Mk. für Dammausbesserung enthielt, waren gemeindliche Erklärungen oder Beschlüsse über Heranziehung von Grundeigentümern zur Bestreitung der 1047 Mk. nicht erfolgt.

Die Beschlüsse über Aufstellung des Gemeindevoranschlages und über Umlagenerhebung für 1908 waren gesetzmäßig gefaßt worden.

* * *

Zur dargestellten Angelegenheit ist über alle (Zuständigkeits-, Sach- und Kosten-) Fragen förmliche bezirksamtliche Entscheidung — mit Entscheidungssatz und Begründung — zu treffen und es sind hiebei folgende Anweisungen einzuhalten:

I.

Die Rechtspraktikanten des rechtsrheinischen Bayern haben noch den in diesem Rechtsgebiete — jene der Pfalz nach den dort geltenden Bestimmungen zu entscheiden und die Entscheidung zu begründen.

II.

Falls in verschiedenen zur Behandlung kommenden Zeiträumen verschiedene Bestimmungen galten und gelten, sind für jeden Zeitraum die jeweils maßgebenden Bestimmungen anzuführen und bezüglich ihrer Anwendung auf vorliegenden Fall zu erörtern.

III.

Jegliches Parteivorbringen — auch wenn es tatsächlich oder rechtlich als unzutreffend oder gegenstandslos erscheint — ist unter Begründung zu würdigen.

Bezüglich der Ergebnisse der bezirksamtlichen Erhebungen ist — gleichfalls unter Begründung — festzustellen, ob und inwieweit sie auch dann zu berücksichtigen sind, wenn ihr Inhalt in den Einwendungen und Anträgen der Parteien nicht ausdrücklich geltend gemacht ist.

IV.

Die Begründungen sind überall, wo dies möglich ist, auf gesetzliche oder sonstige positive Bestimmungen zu stützen; die Bestimmungen sind ausdrücklich anzuführen und bezüglich ihrer hier in Betracht kommenden Anwendung zu erörtern.

FSC
www.fsc.org
MIX
Papier | Fördert
gute Waldnutzung
FSC® C083411

Kolibri 360 GmbH
Ferdinand-Jühlke-Straße 7
99095 Erfurt, Deutschland
produktsicherheit@kolibri360.de